헤어지다 죽은 여자들

헤어지다 죽은 여자들
가장 조용한 참사, 교제폭력을 말하다

초판 1쇄 펴낸날 2025년 7월 25일

지은이 경향신문 여성서사아카이브 플랫	**편집** 김현정 김혜윤 이심지 이정신 이지원 홍주은
펴낸이 이건복	**디자인** 김태호
펴낸곳 도서출판 동녘	**마케팅** 임세현
	관리 서숙희 이주원

만든 사람들
편집 고나리 홍주은   **디자인** 김태호

인쇄·제본 영신사   **라미네이팅** 북웨어   **종이** 한서지업사

등록 제311-1980-01호 1980년 3월 25일
주소 (10881) 경기도 파주시 회동길 77-26
전화 영업 031-955-3000 편집 031-955-3005 **팩스** 031-955-3009
홈페이지 www.dongnyok.com **전자우편** editor@dongnyok.com
페이스북·인스타그램 @dongnyokpub

ISBN 978-89-7297-169-6 (03330)

- 잘못 만들어진 책은 구입처에서 바꿔 드립니다.
- 책값은 뒤표지에 쓰여 있습니다.

가장 조용한 참사,
교제폭력을 말하다

헤어지다 죽은 여자들

경향신문
여성서사아카이브
플랫 지음

동녘

표지 설명

작은 네모 칸들이 모눈종이처럼 배열돼 표지의 바탕을 채우고 있다. 네모 칸은 진한 보라색으로 비어 있거나 연한 보라색 동그라미로 채워져 있는데, 채워진 칸이 대부분이라 빈칸은 듬성듬성 보인다. 전체 칸은 2009년부터 2024년, 총 5840일이라는 시간을 표시하고, 칸 안의 동그라미는 그 시간 동안 친밀한 남성 파트너에게 목숨을 잃거나 위협당한 4423명의 피해자를 표시한다.

이러한 바탕 한가운데에 '헤어지다 죽은 여자들'이라는 제목이 크고 두꺼운 글씨로 쓰여있다. 제목 상단에는 '가장 조용한 참사, 교제폭력을 말하다'라는 부제가 있고, 오른쪽 하단에 '경향신문 여성서사아카이브 플랫 지음'이라는 글자가 있다. 표지의 왼쪽 하단에는 '동녘'이라는 글씨 오른편에 해를 닮은 동그라미가 그려진 동녘 출판사의 로고가 있다.

일러두기

1. 이 책은 2024년 8월 20일부터 2025년 2월 7일까지 《경향신문》에 연재된 기획기사 '더 이상 한명도 잃을 수 없다'를 바탕으로 작업한 것이다.
2. 인용문 내에 지은이의 부연이 들어가는 경우 대괄호([ ])를 사용해 표기했다.

들어가는 글
더 이상 한 명도 잃을 수 없다

한국에서는 매일 최소 한 명의 여성이 친밀한 관계의 남성에게 목숨을 잃거나 위협당한다.

한국여성의전화가 언론에 보도된 사건을 기준으로 분석한 결과, 2024년 한 해 동안 남편이나 애인 등에게 살해된 여성은 최소 181명이다. 살인미수 등으로 살아남은 이들까지 합하면 650명으로, 13시간 30분에 한 명 꼴로 생명을 잃거나 잃을 위기에 처하는 셈이다. 언론에 보도되지 않은 사건까지 포함하면 그 수는 더욱 불어난다.

'매일 한 명.' 이 숫자는 너무나 단조롭고 일상적이어서 잘 와닿지 않는다. '서울 강남 의대생 여자친구 살해, 전 국가대표 럭비 선수의 전 여자친구 강간상해, 경기 하남 교제살인, 경기 화성 오피스텔 모녀 살인, 경남 거제 교제폭력……' 2024년 몇 달 사이에 벌어진 이 사건들은 언론을 통해 크게 보도됐지만 엇비슷하게 느껴진다. 미처 이름도 붙이지 못한 죽음은 이보다 훨씬 많다. "말을 듣지 않아서", "나를 무시해서", "다른 남자와 연락해서", "행복하게 사는 것 같아서" 스러진 여성이 매일 한 명이다.

이런 상황인데도 교제폭력은 여전히 제도 밖에 머물러 있다. 정부는 이 폭력에 대한 통계도 집계하지 않는다. 이를 규율하는 법은 없다. 여전히 교제폭력은 어떤 유별난 개인의 일탈로 이해되는 경우가 많다. 사귀거나 사귀었던 사이에서 일어나는 폭력이라 주변에서도 제대로 알기 어려워 범죄가 반복되는 측면도 있다. 이 범죄의 속성을 제대로 이해하지 못하는 수사 시스템은 죽음들을 막지 못했고, 사법부는 낮은 성인지 감수성으로 오히려 피해자에게 고통을 안긴다. 젠더 위계에 따른 범죄를 인정하지 않는 사회에서, 법의 합리성을 따지는 남성들이 흘려보내는 시간 속에서, 여성들은 끊임없이 죽을 위험에 처하고 죽임당한다.

이 책은 일상이 되어 무뎌진 교제폭력 피해자들의 죽음과 그 이후를 썼다. 1장에서는 유족과 피해자들의 목소리를 통해 친밀한 사이에서 오는 폭력의 특성과 심각성에 대해서 정리했다. 2장에서는 교제폭력 수사 과정에서 어떤 문제가 발생하는지 살펴봤다. 3장에서는 재판 과정에서 어떤 구조적 모순이 발생하는지 보고 국내의 통계 및 법제적 문제들을 분석했다. 20대 국회부터 22대 국회까지 발의된 법안도 살펴봤다. 4장은 '회복'과 '희망'에 대한 이야기다. 교제폭력 이후 피해자가 어떻게 회복했는지, 폭력을 객관화하며 어떻게 상처를 다독였는지에 대해 들었다. 한때 피해자였지만 지금은 한국성폭력상담소 활동가가 된 여성의 이야기를 통해 피해자 주변의 사람들이 피해자를 어떻게 도우면 좋은지도 들어봤다. 법제적 차원에서 한발 앞서 나가고 있는 호주와 스웨덴의 법제에 대해서도 정리했다. 호주는 신체적 폭력을 넘어 심리적, 경제적, 사회적 측면에서 피해자를 억압하고 지배하는 행위인 '강압적 통제'를 범죄화하면서 젠더폭력이 공적 개입이 필요한 사회문제라는 점을 확실히 하고 있다. 스웨덴은 친밀한 관계 내 여성폭력을 처벌할 수 있도록 '중대한 여성의 존엄성 침해Gross Violation of a Woman's Integrity에 관한 법'을 마련했다. 남성이 친밀한 관계의 여성에게 반복적으로 가한 폭행, 불법 협박, 강간 등의 범죄를 처벌하도록 하는 법이다. 이러한 법을 통해 사회의 인식이 어떻게 바뀌고 있는지를 살피며 우리가 나아가야 할 방향 또한 가늠해보았다.

이 책에서 피해자와 가족들, 조력자의 이름은 모두 실명이다. 반대로 가해자는 모두 익명의 'A'로 썼다. 하남의 A와 거제의 A 범행엔 큰 차이가 없다. 의대생 A와 운동선수 A를 구분할 필요도 없다. 교제 폭력은 어떤 유별난 개인의 일탈로 벌어지는 것이 아니라 젠더의 위계에 따른 범죄라는 게 문제의 핵심이기 때문이다.

'더 이상 한 명도 잃을 수 없다.' 이 책의 바탕이 된 기획기사의 원 제목은 2015년 아르헨티나에서 일어난 페미사이드 반대 운동 '니 우나 메노스Ni Una Menos(단 한 명도 잃을 수 없다)'에서 따왔다. 또 다른 여성들이 폭력의 피해자가 되지 않기를 바라는 소망을 담은 문장이기도 하다. 오늘도 어딘가에 친밀한 관계의 남성에게 폭행을 당하거나 목숨을 잃을 뻔한 여성들이 있을 것이다. 그들을 한 명도 잃을 수 없다는 당연한 생각이 실현되지 않을 것 같아 두렵다. 그럴수록 취재를 하다 보면, 역설적으로 기사 쓰기는 멈추고 수사를 하거나 판결을 내리고 싶다는 생각이 든다. 객관적 거리를 두고 '기록자'의 위치에 서는 훈련을 해왔지만 수사가 제대로 되지 않고 판결이 엉망으로 내려지면 무력감에 사로잡혀서다. 기록만 하다가는 문제가 해결되는 모습을 영영 보지 못할까 봐 두려워서다.

　그럼에도 이름 없는 죽음을 끝까지 기록하는 것이 기자의 일이라는 것을 되새긴다. 여성들의 죽음을 국가가 제대로 들여다보고, 예방하고, 수사하고, 처벌하고, 법과 제도의 기틀을 마련할 때까지 기록하려 한다. 우리의 목소리가 변화를 만들 때까지.

차례

들어가는 글: 더 이상 한 명도 잃을 수 없다   005

1장   좋아하는 사람을 어떻게 때려요, 어떻게 죽일 수가 있어요   013

- 두 딸을 잃은 아버지의 절규

  만난 사람: 당진 자매 살인 사건 나종기 아버지   015

- 친밀한 관계를 악용하는 남자들

  만난 사람: 유튜버 쯔양 사건 김태연 변호사   036

2장   사건 종결 내역: 연인 사이의 흔한 싸움   045

- 열한 번이나 신고했는데 목숨을 잃었다

  만난 사람: 거제교제살인 사건 손은진 어머니   047

  짚어 보기   교제폭력 피해의 실태와 현황   079

3장 너무 많이 죽는데 위기감이 없어요   093

- 또 다른 가해자, 사법기관
  만난 사람: 바리캉 폭행 감금 사건 이제 활동가   095
- 문제를 해결하는 국가가 되기 위해
  만난 사람: 한국여성정책연구원 김효정 부연구위원,
  한국여성의전화 최선혜 사무처장   117

  짚어 보기 교제폭력 처벌 법제화 어디까지 왔나   134

4장 과거엔 피해자, 지금은 생존자, 미래엔 조력자 되고 싶어요   151

- '피해'를 딛고 살아가기
  만난 사람: 교제폭력 사건 김지영 생존자   153
- 서로의 연대자가 되는 일
  만난 사람: 한국성폭력상담소 박아름 활동가   172

  짚어 보기 한발 나아간 법제를 구축한 해외 사례들   187

나오는 글   202

1장

좋아하는 사람을
어떻게 때려요,
어떻게 죽일 수가 있어요

두 딸을 잃은
아버지의 절규°

고등학교를 졸업하자마자 결혼해 스무 살, 스물한 살에 낳은 두 딸은 보물이었다. 크면서 말썽 한번 크게 피운 적 없었다. 길에 나가면 사람들이 부녀지간이 아니라 친구 같다고 했고, 자매는 마흔이 넘어서도 '아버지' 대신 '아빠'라고 불렀다. 나종기 씨에게 딸들은 그렇게 살갑고 정겨운 존재였다.

"우리 때는 일단 먹고살기 어려웠고, 부모님께 사랑도 많이 못 받고 자랐잖아요. 난 그게 항상 마음에 남았어요. 그래서 애들 낳고 할 수 있는 건 다 해주자, 하고 키웠죠.

° 만난 사람: 당진 자매 살인 사건 나종기 아버지

1980년대에 바나나가 하나에 500원인가 했는데, 그게 짜장면 한 그릇보다 비쌌거든요. 그런데도 우리 애들한테 사 먹이는 건 하나도 안 아까웠어요. 옛날에는 여자애 키우면 대학 안 보내는 경우가 많았잖아요. 나는 내가 대학 못 나온 게 한이 돼서 우리 딸들은 꼭 보내야지 했어요. '하고 싶은 것 마음껏 해라'라면서 키웠고, '남들한테 폐 끼치지 말고 살아라' 하면서 애지중지했죠. 그냥 '올인'했어요."

1980년 9월 4일, 1981년 9월 2일. 생일이 이틀 차이라 더 각별했던 연년생 나정은·나금주 자매는 떠날 때도 같이 떠났다. 2020년 6월 25일 밤부터 26일 새벽, 둘째 금주 씨와 첫째 정은 씨는 차례로 목숨을 잃었다. 금주 씨의 전 연인으로부터다.

당시 33세였던 남성 A는 충남 당진의 금주 씨 아파트에서 그를 살해했다. 금주 씨가 술주정을 부리면서 자신을 나무라자, 순간적으로 격분했다는 것이 범행 동기다. 그는 연인이 잠들 때까지 기다렸다가 목을 졸라 살해했다. 이어 범행이 들킬 것이 두려워, 같은 아파트 다른 층에 살던 언니 정은 씨의 집에 몰래 숨어들었다. 정은 씨가 집으로 돌아와 화장실에 가자 문밖에서 기다리다가 등 뒤에서 덮쳤다.

그는 정은 씨의 입을 틀어막은 다음, 휴대폰과 체크카드 비밀번호를 알아낸 뒤 역시 목을 힘껏 졸라 살해했다. 금목걸이와 팔찌, 지갑, 가방, 신분증, 자동차까지 훔쳐 달아난 A는 자매가 살아 있는 것처럼 주위 사람들에게 태연히 연락하며 현금 인출기에서 수차례 돈을 찾는 등 추가 범죄도 저질렀다. 울산에서 붙잡힌 A는 1심과 2심에서 모두 무기징역을 선고받았다. 2022년 대법원이 상고를 기각하며 원심이 확정돼 복역 중이다.

살인 이전에 가정폭력 있었다

대법원 판결 후 2년이 지난 2024년 8월, 두 딸을 한꺼번에 잃은 아버지의 삶은 여전히 산산이 부서져 있다. 건설 현장에서 관리 감독 업무를 하는 나종기 씨는 새벽 4시면 집을 나서 5시에 현장에 도착한다. 서울, 경기, 강원 할 것 없이 전국을 다닌다. 종일 정신없이 일에 빠져 지내다 퇴근한 뒤엔 낚시 방송을 본다. 예능 프로그램도 드라마도 아니고 오로지 낚시. 딸들을 잃은 후 웃는 것조차 죄책감이 들어서다.

그를 가장 괴롭히는 건 '바뀐 게 없다'는 사실이다.

2024년 8월 7일 경기 파주 자택에서 만난 나 씨는 "딸들이 죽고 나서도 이 나라는 달라진 게 하나도 없다. 우리가 어떻게 사는지 사람들이 제발 좀 알고, 문제가 얼마나 심각한지 들여다봐줬으면 좋겠다"고 말했다.

4년 전 참척의 비극은 둘째 딸의 이혼에서 시작했다. 전남편과의 불화, 시가와의 갈등으로 결국 이혼한 뒤 술을 입에 댄 게 화근이었다. 알코올의존증으로 병원 입/퇴원을 반복하고 재활 시설까지 다니게 되면서 금주 씨는 원래 이름인 '정미'를 잃었다.

"이혼하면서 술을 마시기 시작했는데, 그게 너무 심해지면서 결국 병원 신세까지 지게 됐죠. 제발 술 좀 끊었으면 해서, 애들 엄마가 '금주'로 개명시켰어요. 그런데 재활 시설에서 그놈을 만나다니……."

둘은 약한 고리를 통해 빠르게 가까워졌다. A가 과거 폭력 등으로 전과가 있다는 사실, 만나고 있던 다른 애인이 있다는 사실은 물론 그때는 알지 못했다.

"나중에 알고 보니까 그놈이 폭력 혐의로 수사를 받고 있었던 거예요. 어릴 때부터 소년원이랑 교도소를 들락거렸

대요. 그래서 제집에서도 안 받아주고, 다른 가족들도 거의 버린 자식이라고 하더니만요. 금주랑 만날 때는 당연히 이런 얘기는 하나도 안 했겠죠."

부산에서 만난 이들은 곧 언니 정은 씨가 주점 사장으로 일하고 있던 당진으로 거처를 옮겼다. 셋이 함께 보내는 시간이 자연스레 늘어났다.

"애들 엄마가 정미(금주)한테 '이제 술 좀 그만 먹고 언니네 가서 일이나 좀 도와라'라고 했어요. 그래서 정미가 당진으로 가게 된 거였는데, 지금 돌이켜보면 정은이 가게 장사가 되게 잘됐거든요. 그래서 그놈이 돈을 노리고 같이 갔던 것 아닌가 싶어요."

자매가 그냥 사이가 좋아서 그런 줄 알았는데, 서로에게 '피난처' 역할을 했다는 건 사망한 뒤에야 알게 된 사실이다.

"정미가 그놈이랑 만난 기간이 짧아요. 3개월 정도 만나다가 그리됐으니 얼마나 원통해요. 그런데 둘의 장례를 치르고, 유품 정리하면서 보니 정은이도 남편한테 맞았더라고요. 저는 이혼한 줄도 몰랐어요. 죽고 나서야 소송 서류를 발견한 거예요. 사위가 장례식 때도 멀쩡히 왔었는데, 알고 보니 정은이를 피범벅으로 만들었다는 거예요. 그걸 본 부모 심정이 어땠겠습니까. 정말 오장육부가 뒤틀린다는 게 이런 거구나, 싶었습니다."

정은 씨는 사망하기 1년쯤 전인 2019년 7월 이혼했다. 그가 생전에 쓴 이혼 신청서를 보면 전남편은 2016년 무렵부터 집착과 의심이 심해져 정은 씨의 휴대폰을 감시하고, 스토킹했다. 술에 취해 성관계를 강요하거나, 아이들 앞에서 정은 씨를 마구 폭행하는 일도 많았다. 바닥에 나동그라질 정도로 맞아 온 얼굴에 시퍼렇게 멍이 든 정은 씨는 "극도의 공포와 정신적 충격, 생명의 위협을 느꼈다"고 이혼 신청서에 썼다.

수년간 가정폭력에 시달리다 겨우 벗어나게 된 정은 씨, 그리고 이전 결혼에서 아픔과 상처를 갖고 있던 금주 씨가 가까워질 수밖에 없었던 배경이다. 폭력에 취약한 상태의 자매는 같은 동네, 같은 아파트에 살 정도로 서로에게 깊이 의지했다. 그렇게 가깝던 자매는, 동생의 새로운 연인으로부터 둘 다 목숨을 빼앗길 줄은 꿈에도 몰랐을 것이다.

나종기 씨가 지금도 계속 되풀이하는 건 "내가 막을 수 있지 않았을까" 하는 후회다. 2020년 5월, 어버이날을 맞아 그는 두 딸이 거주하는 당진에 갔다. 전국을 다니며 일하는 터라 얼굴 보기가 힘든데, 마침 시간이 맞아 오랜만에 밥이나 먹자고 했다. 식사 자리엔 자매 외에도 처음 보는 얼굴이 있었다. 바로 A였다.

"남자친구라고 정미가 소개하더라고요. 그때 그놈을 처음 봤죠. 당연히 '반갑다, 잘 부탁한다' 인사도 하고, 내가 갈비며 뭐며 밥도 다 사고 그랬어요. 헤어질 때 애들한테 물어보니 '이제는 잘 지낸다' 그러데요. 저는 애들이 나쁜 길로 갈 애들이 아니란 걸 알아요. 그래서 누굴 만나라, 만나지 마라는 얘길 일절 안 해요. 어련히 알아서 잘하겠거니, 했죠. 그런데 한 달 뒤에 그렇게 된 거예요."

자식의 어떤 죽음이라도 부모로선 받아들이고 싶지 않은 현실이지만, 애정을 기반으로 만나던 사이에서 벌어진 폭력과 살인은 더 큰 충격으로 다가왔다.

"애들이 누굴 만나면 '직업이 뭐든 상관없다. 사람은 다 평등하고 똑같은 인간이니까. 누구랑 만나서 어떻게 살든 네

자유'라고 했어요. 그런데 이럴 줄 어떻게 알았겠어요. 우리도 다 결혼해서 살지만 좋아하는 사람을 어떻게 때려요. 어떻게 죽일 수가 있어요."

가석방의 가능성 자체가 고통스러워요

이 사건은 발생 당시 큰 화제가 됐다. 청와대 국민청원 게시판에 나 씨가 올린 엄벌 청원 글에는 26만 명이 넘는 시민이 참여했고, 법원도 사건의 심각성 등을 고려해 무기징역을 선고했다. 사실상 국내 사법 체계에서 내릴 수 있는 가장 무거운 처벌 중 하나다.

항소심 재판부는 A의 범행에 대해 이렇게 판시하며 양형 기준을 설명했다.

"누구에게나 생명은 온 우주이다. 피고인의 살해 범행으로 피해자들은 생명을 잃었고, 피해자들에게서 온 우주가 사라져버렸다. 불과 4시간 만에 피해자들의 부모는 두 딸 모두를, 피해자들의 자녀들은 엄마를 잃어 더는 볼 수 없게 되었다. 피해자들 유족의 정신적 충격과 참담함, 분노와 허망함, 그리움 등은 그 일을 당해보지 않은 일반인은 그 심정을 헤아리기조차 어려울 것이다. 피해자들 유족은 평생 가슴에서 먹먹함과 슬픔, 고통과 분노를 지우지 못하고 간직한 채 살아가야 한다."

그럼에도 아버지는 여전히 판결을 수긍하지 못한다. 나 씨는 "사형이 아니면 20년 뒤 모범수로 가석방될 수도 있지 않느냐. 그 가능성 자체가 고통스럽다"며 "그때를 기다렸다가 그놈을 죽이고 나도 죽고 싶은 심정"이라고 말했다.

"만에 하나 진짜로 가석방돼서 나올 때의 상황을 그려보게 돼요. 그러면 그놈이 50대고, 나는 팔순이 훌쩍 넘잖아요. 그러면 나는 힘도 없을 텐데 그놈을 어떻게 해야 할지……. 손주들도 걱정이에요. 애들이 어려도 상황은 대강 아니까 트라우마가 생겼어요. '엄마 죽인 놈을 잡아 죽이겠다'고 얘기를 하더라고요. 그래서 사형이 아닌 게 너무 원통하고 억울해요."

이에 대해 재판부는 이렇게 밝히고 있다.

"피고인이 무기징역을 선고받으면, 20년 후에는 가석방될 기회를 얻어 사회 구성원으로 복귀할 가능성이 있다. 피해자들은 생명을 잃고 이 세상에서 더는 살아가지 못하는 데 반해, 피고인은 버젓이 다시 사회에서 살아간다는 것은 특히 피해자들 유족이나 일반 사회인에게는 정의롭지 못하다고 보일 여지가 많다. 이를 막을 수 있는 것은 '가석방 없는 무기징역'이지만, 이를 우리 형사법 체계에서는 채택하지 않았다.

한편, 우리나라에서 1997년 12월 30일 이후 사형이 집행되지 않아 사실상 사형이 폐지된 상태이다. 피고인이 사형을 선고받더라도 실제로 사형당할 가능성은 매우 낮으면서 가석방의 가능성이 사라진다. 이를 참작하여 피고인에게 사형을 선고한다면, 사실상 '가석방 없는 무기징역'과 똑같은 법적 효과를 얻게 된다.

하지만, 헌법과 법률에 따라 그 양심에 따라 심판해야 하는 법관은 '가석방 없는 무기징역'의 효과를 얻기 위한 수단으로서 사형을 선고할 수는 없다. 문명국가에서는 사람의 생명을 그 어떤 상황에서도 목적 자체로 다루어야만 하고, 이와 달리 무언가를 위한 수단으로 취급해서는 결코 안 되기 때문이다. 이는 피고인의 생명에서도 마찬가지다. 다만, 무기징역과 사형 사이의 간격이 지나치게 벌어져 있고, 무기징역으로 대응하는 범죄의 영역이 지나치게 넓어져 있다. 이는 무기징역을 선고받은 피고인에 대한 가석방 여부가 사법절차가 아니라 행정처분으로 결정되는 것에서 비롯한 측면도 매우 강하다[가석방 제도는 행정기관인 법무부의 행정처분으로 이루어지고 있다]. 이 법원이 이 양형의 이유에서 피고인의 가석방에 관한 어떤 의견을 밝히더라도, 이는 나중에 행정청이 가석방 여부를 결정하는 데 아무런 법적 구속력을 가지지 못한다.

그렇더라도 이 법원은 행정청이 차후에 피고인을 가석방할지 결정하는 데 매우 신중해야 하고, 그 결정에는 무엇보다 피해자들의 자녀들을 비롯한 유족의 합리적인 의견이나 법 인식이 충분히 반영되어야 함을 밝혀둔다."

재판부는 무기징역과 사형 선고 사이에서 고민을 한 것으로 보인다. 무기징역을 선고하면 가석방될 기회를 얻을 수 있기에 그를 막기 위해 사형을 선고하는 방법이 있지만 '가석방 없는 무기징역'의 효과를 얻기 위해서 사형을 선고할 수는 없다는 것이다. 재판부는 피고인의 생명도 어떤 상황에서든 목적 자체로 다뤄야 하고 '가석방 없는 무기징역'의 효과를 얻기 위해 피고인의 생명을 수단으로 취급할 수 없다는 설명도 더했다. 또 무기징역을 선고받은 피고인에 대한 가석방 여부가 사법절차가 아니라 행정처분으로 결정되는 것에 대한 문제의식도 담았다. 가석방 여부를 사법부가 아닌 행정부인 법무부가 결정하다 보니, 재판부가 피고인은 가석방이 어려운 범죄를 저질렀고 책임을 져야 한다는 의견을 내도 먼 훗날 법무부의 가석방 여부 결정에 영향을 미치기 어렵다는 것이다. 그럼에도 재판부는 향후 법무부가 피고인을 가석방할지 결정할 때 매우 신중해야 한다고 밝혀둔다고 했다. 피해자들의 자녀들을 비롯한 유족의 합리적인 의견이 충분히 반영되어야 한다고 말이다.

먼 훗날 가석방 심사를 할 때 정말 유족의 의견이 반영될 수 있을까. 사형과 무기징역 사이의 간극이 큰 한국의 사법 체계는 피고인을 처벌하는 마지막 순간에도 피해자의 억울함과 유족의 아픔을 충분히 담아내지 못한다.

이 대한민국에서 믿을 건 없으니까

범죄가 발생했을 때 수사기관의 적극적인 수사와 검거, 사법 체계의 지원과 보호 및 가해자에 대한 처벌은 피해자와 그 유족에게 직접적인 영향을 미친다. 그를 통해 국가가 사회적 안전망으로 잘 기능하고 있는지를 확인할 수 있기 때문이다. 비슷한 사건이 계속 벌어지는데도 문제의 구조적 원인을 보려는 노력이 없다면, 피해자와 유족은 변화 없는 현실에 좌절하며 사회 시스템을 불신할 수밖에 없게 된다.

나 씨가 계속 "이 세상에 믿을 건 나뿐"이라고 말하는 이유도 이 때문이다. 그는 사건 이후 "내가 경찰이라도 된 것처럼 증거를 이것저것 찾아다녔다"고 했다. 경찰이 미처 파악하지 못한, 도주 기간 중 A의 휴대폰 소액 결제 내역을 추가로 발견해 제출한 것도 나 씨다.

"유품 정리를 하면서 보니까 휴대폰에 결제 내역이 주르륵 뜨는 거예요. 그놈이 범행 후에 계속 여기저기 도주하면서 돈을 그렇게 쓴 건데, 그걸 경찰 수사 단계에선 몰랐거든요. 그래서 내가 경찰서에 쫓아가서 '당신들이 형사 맞느냐'고 악을 썼죠. 그래서 나중에 결국 그걸로 그놈의 형량이 추가됐어요. 그러니까 제가 어떻게 경찰을 믿어요? 나만 애가 타면 뭐 해요? 움직여야지. 혼자 부산 갔다가 울산 갔다가 막 돌아다니며 별짓을 다 했어요."

법정에서 재판장에게는 반성문을 수차례나 내면서도 "피해자 유족에겐 눈 하나 깜짝 않고 고개를 빳빳이 들고 있는" 가해자의 모습을 보았다. 그때부터 나 씨 역시 꼬박꼬박 자필 탄원서를 써서 냈다.

> 존경하는 판사님, 검사님.
> 오늘도 괴로운 마음으로 이 글을 적습니다.
> 살인자 ○○○에게 두 딸을 잃어버리고 하루하루 힘들게 죽지 못해 살고 있습니다.
> 하나도 아닌 두 딸을 하루아침에 잃어버린 피해자인 저희들은 세상 살아야 할 목적과 희망을 잃어버렸습니다.
> 엄청난 마음고생, 정신 고통을 누가 알아줍니까.
> 피해자 아버지인 저는 사고 발생 6개월이 다 되어가도 병원 치료를 하지 못하고 있습니다.
> 병원 치료는 저에게 아무런 치유가 될 수 없습니다.
> 살인자 ○○○이가 살아 있는데 무슨 치유가 되겠습니까. 병원 치료는 일순간뿐입니다.
> (…)
> 사법부에서만 저희를 유일하게 치료할 수 있습니다.
> 살인자 ○○○이 사형에 처해져도 저희들은 완벽한 치유는 할 수 없지만, 조금은 위안 삼아 남은 생을 살 수 있습니다.
> 지금까지 처참한 환경에도 저희들이 버틸 수 있는 것은 사법부의 정의를 믿기 때문에 목숨 부지하며 하루하루 힘들게 살고 있습니다.

나 씨는 항소심 법정에 증인으로 출석해 A의 엄벌을

촉구하기도 했다. 당시 그는 이렇게 말했다.

"사형을 해야만 사회에 나올 수가 없습니다. 피고인 죽이라는 소리 아니에요. 영원히 못 나오게끔 해달라는 겁니다. 저희 외손녀, 외손자가 장례식장에서 한 말이 있습니다. 엄마 죽인 놈한테 데려다 달라고 했어요. 애들은 절대로 못 잊습니다."

A는 수사 단계부터 항소심에 이를 때까지 일관되게 범행을 인정했다. 그는 법정에서 "저의 죄에 대해서 어떠한 변명도 없습니다. 저 때문에 피해받으신 분들에게 죄송하고 사죄 말씀을 드립니다. 그 어떠한 처벌을 내리시든지 달게 받도록 하겠습니다"라는 취지로 진술했다.

하지만 A가 자신의 잘못을 깊이 반성하고 후회했다고 보기는 어렵다. 항소심 재판부는 "피고인은 수차례 소년 재판과 형사재판을 받으면서, 범행 사실을 인정하며 반성한다고 말하면 법원이 이를 유리한 양형 사유로 참작한다는 것을 익히 잘 알고 있다. 그에 따라 범행 사실을 인정하고 잘못했다고 말한 측면이 컸다고 보인다"고 했다.

A는 피해자 유족과 합의하기 위한 어떠한 시도도 하

지 않았다. 검사나 판사가 아닌, 유족에게 제대로 사과한 적도 없다. 나종기 씨와 다른 가족들은 '진심으로 사죄한다'는 말 한마디조차 듣지 못한 것이다.

탄원서를 쓰고 증언도 했지만 그럼에도 나 씨는 "여전히 후회한다"고 했다.

"법원에 가면 딱 판사님이 '정숙하세요'라고 해요. 그 말에 가만히 있었어요. 한 번도 안 떠들고, 고함도 안 쳤어요. 그렇게 하면 우리가 원하는 대로 될 줄 알았어요. 지금은 그때 소리라도 지를걸, 하고 후회합니다. 뭔가 바뀌기라도 한다면 용산 대통령실 앞에서 분신자살이라도 하고 싶은 심정이에요. 내 한몸 그냥 희생하겠어요."

그는 "요즘 젊은 사람들 보면 그냥 연애고 결혼이고 다 하지 말라고 하고 싶다"고 했다.

"남자 잘못 만났다가 억울하게 죽어도 정부는 아무 책임도 안 집니다. 우리 애들이 죽기 전에도, 후에도 얼마나 많은 사람들이 죽었나요. 이때까지 국가가 가해자들에게 어떤 경고 메시지도 주지 않은 결과예요. 성폭행을 저질러도 합의하면 풀어주고, 그러면 그 이후에 폭행하고, 죽이고……. 최근에도 교제폭력이라고 나오는 사건들이 끊이지 않잖아요. 비슷한 일이 반복되면 다시는 안 일어나게 해야 하는데 전혀 그런 게 없어요. 그러니까 때려도 되고, 죽여도 괜찮다는 사람들이 계속 나오잖아요."

가정폭력, 스토킹 살인, 교제폭력, 데이트폭력, 이별 살인……. 국가가 방치한 사각지대에서 이름만 다른 비슷한 일이 끊임없이 벌어진다. 딸 같은 사람들이 매일 죽는 걸 보며 남은 사람들의 상처는 계속 곪아간다.

개인의 몫으로 남겨진 회복

나 씨는 지금 가족과 따로 산다. 다른 지역에서 아내와 손녀가 함께 지내는데, 그는 그 집에 두어 달에 한 번 정도만 들른다. 일 때문에 전국을 다녀야 한다는 핑계가 있지만, 실은 딸을 잃은 엄마와 엄마를 잃은 딸이 같이 사는 모습을 견디기가 어렵기 때문이다. 할머니와 손녀는 서로의 아픔에 공감하지만, 그만큼 깊은 우울함에 빠져 헤어 나오지 못하고 있다.

중학생일 때 엄마가 사망한 손녀는 대학생이 됐지만

한 학기만 다니고 바로 휴학했다. 나 씨는 "손녀가 중학생일 때 사건이 벌어져서 대강 [사건 내용을] 안다. 여전히 죽음을 내려놓지 못한 아내와 손녀를 보는 것 자체가 힘들다"고 했다.

"둘 다 사건 후유증 때문에 계속 병원에 다니고 약을 먹고 있어요. 아무리 옆에서 '이제는 그만하자. 앞으로 어떻게 이겨낼지가 더 중요한 거 아니냐'고 해도 그 말이 안 들리는 것 같아요. 원래는 아내가 너무 걱정되니까 내가 트럭 운전해서 일하러 갈 때 옆에 태워 다니기도 했거든요. 그런데 그러니까 일이 안 돼. 잠깐 괜찮았다가 다시 돌아서면 한숨 쉬고, 울고. 옆에서 보는 게 더 괴로워요. 나도 계속 같이 거기 빠져들게 돼요."

남은 자들의 회복은 오롯이 개인이 감당해야 할 몫이다. 나 씨는 아내와 손녀의 병원비와 약값, 생활비 등으로 월 200만 원 정도를 집으로 보낸다. 국민연금까지 깨면서 변호사 선임 등 소송 비용을 대느라 경제적 어려움이 커졌고, 가족뿐 아니라 직장 동료, 지인, 친구 등과의 교우 관계도 깨졌다. 그는 "그날 이후 나한텐 아무것도 남은 게 없다. 돈을 벌어도 낙이 없고, 친구도 만나기 싫고, 허무하기만 하다"고 말했다.

피해자와 유가족에 대한 지원도 제대로 이루어지지 않는 것 같다고 느낀다.

"예를 들어 이태원 참사 같은 큰 사건이 벌어졌다고 치면, 그 피해자 가족들만 모아도 수백 명이잖아요. 그러면 같이 시위도 하고, 국회도 가고 할 수 있잖아요. 그런데 교제살인, 데이트폭력이라는 건 피해자가 너무 많은데도 함께 대응하기가 너무 어려워요. 남은 사람들이 서로 모르기도 하고, 각자 먹고살기 바쁘니까 그렇겠죠. 모이라면 누가 모이겠어요? 그러니까 정부에서 그만큼 이 피해자 가족들을 잘 챙겨줘야 하는데, 그게 뭐가 있어요? 내가 받은 게 뭐가 있어요?"

사건 이후 나종기 씨는 검찰의 범죄피해자지원센터를 소개받았다. 이 센터는 피해 관련 상담부터 병원 후송, 현장 정리, 경제·의료적 지원, 법정 동행 등을 도와주는 기관이다. 나 씨는 장례 절차를 진행하는 데 도움을 받았고, 상담을 지속할 수 있는 병원을 연계받았다. 아직도 센터로부터 종종 그의 안부를 묻는 전화가 온다.

하지만 그는 '치유됐다'고 느끼지 못한다. "나도 세금

꼬박꼬박 내는 사람인데, 그날 이후엔 그냥 이 사회에서 소외된 것 같다"는 게 그의 얘기다.

지금 당장 필요한 게 어떤 것이냐는 질문에 그는 한참 망설였다.

"물질적인 것보다는 그냥 따뜻하게 안아주는, 대화라도 할 수 있는 관계가 필요한 것 같아요. 애들 엄마는 아직도 '남한테 얘기하기 싫다, 못 하겠다'고 그래요. 그러면 내가 '죄를 지은 것도 아닌데 왜 우리가 숨냐'고 하죠. 우리가 잘못한 건 하나도 없는데, 딸이 누구랑 만나다가 죽은 걸 치부로 느끼는 거예요. 이 사회가 우리를 그렇게 만들고 있어요. 그런데 그 억울함을 아무한테나 털어놓기가 너무 힘들어요. 누가 관심도 더 주고, 얘기도 더 들어주고, 그러면 좋겠어요."

친구들이나 친척과 만나면 어쩔 수 없이 자식 이야기가 나온다. 상대는 별 뜻 없이 한 말에 혼자 상처를 입는다. 괜히 상대에게 화풀이하고 싶어지고, 이 세상 모든 것에 부아가 치밀어 오른다. 그래서 그는 차라리 혼자 남기를 택했다.

"직장에서나 어디서나, 내 사정을 모르는 사람이 보면 '저거 왜 저러나' 할 거예요. 맨날 웃지도 않고 화만 내니까요. 그런데 그걸 어디부터 어디까지 얘기할 수 있겠어요. 아무것도 모르는 사람들한테 이런 얘기 해봤자 뭐 해요? 그러니까 사는 게 사는 게 아니에요. 새벽에 한강에 뛰어들려고 갔다가 돌아온 것도 두 번이에요. 그래도 꾸역꾸역 버텨요. 그놈이 나올 때까지 어떻게든 내가 살아야 할 것 같아서. 그것 말곤 할 수 있는 게 없잖아요. 이 대한민국에서 믿을 건 아무것도 없으니까."

친밀한 관계를
악용하는 남자들°

2024년 7월 11일, '1000만 유튜버' 쯔양(본명 박정원)이 유튜브를 통해 전한 고백은 삽시간에 한국은 물론 전세계에서 파장을 일으켰다.

이 사건은 몇 년 전으로 기슬리 올라간다. 쯔양과 교제하던 A는 쯔양이 남들에 비해 음식을 굉장히 많이, 잘 먹는다는 걸 알게 됐다. 그때만 해도 유튜버나 크리에이터가 지금처럼 흔하지 않았다. "이런 건 방송을 해야 한다"는 A의 말에 쯔양은 2018년 '먹방' 유튜브를 시작했고, 채널은 빠르게 성장했다.

그 과정에서 A는 소속사를 새로 만들었고 쯔양은 소

° 만난 사람: 유튜버 쯔양 사건 김태연 변호사

속 연예인이 됐다. 양측의 계약 이후 쯔양은 유튜브에서 폭발적 인기를 얻어 전 세계에 구독자들이 생겨났지만, 방송 후 쯔양에게 돌아오는 금액은 없었다. 처음부터 불공정 계약이었다.

A는 쯔양과 사귀었던 수년간 폭력, 성폭행, 협박, 강요, 공갈 등의 범죄를 저질렀다. 쯔양은 이 사실은 몇 년이 흐른 뒤에야 유튜브 라이브에서 밝혔다. A의 강요로 유흥업소에서 일했던 사실, 성관계 강요로 임신했다가 임신 중지 수술을 받은 사실도 고백했다.

견디다 못한 쯔양은 2022년 11월 마침내 A를 고소했지만, 그는 쯔양을 찾아와 간곡히 선처를 부탁했다. 쯔양은 A와 비밀 유지 조항이 포함된 합의서를 작성한 뒤 처벌 불원서를 제출했다. 그런데 어찌 된 일인지, 묻어두기로 했던 이 사실을 '사이버레커'로 불리는 유튜버 전국진, 구제역 등이 알아내 쯔양을 협박했다. 그들은 쯔양에게 "탈세, 사생활 관련 의혹을 제보받았다. 돈을 주면 공론화하지 않겠다"고 했고, 실제 수천만 원을 갈취했다.

한편 A에 대한 사건은 쯔양이 처벌 불원서를 쓴 것과 별개로 계속 진행되고 있었다. 피해자가 가해자의 처벌을 원하지 않으면 형사처벌할 수 없는 반의사불벌죄에 해당하지 않는 사건이었기 때문이다. 조사를 받던 A는

2023년 4월 스스로 목숨을 끊었고, 쯔양에 대한 각종 폭행 등의 범죄는 '공소권 없음'으로 수사할 수 없게 됐다.

그 뒤 또 다른 사이버레커인 유튜브 채널 가로세로연구소(이하 '가세연')가 이런 사실을 알고 쯔양 동의 없이 그 내용을 방송으로 내보냈다. 쯔양은 결국 자신의 채널을 통해 '해명' 방송을 할 수밖에 없었다. 공갈 등 혐의로 기소된 구제역은 2025년 2월 1심에서 징역 3년을 선고받고 법정 구속됐다. 가세연을 상대로 쯔양이 제기한 명예훼손 소송은 수사가 진행 중이다.

신체적·정신적으로 지배당할 수 있는 위험

쯔양의 고백은 친밀한 관계에서 벌어지는 교제폭력의 특성을 뚜렷하게 보여준다. 폭행이라는 하나의 범죄가 아니라 상해·갈취·강간·불법 촬영 등 수많은 혐의가 중첩되는 점, 피해자는 협박이 두려워 그 관계를 벗어나지 못하는 점, 유명인인데도 오랫동안 사건에 대해 언급하지 못할 정도로 고립됐다는 점 등이다.

쯔양을 대리하는 태연법률사무소 김태연 변호사는 처음 이 사건을 맡았을 때부터 '뭔가 이상하다'는 생각이 들었다고 했다. 그는 "2022년 10월 무렵 '한 유튜버가 전 소속사와의 계약이 불공정한 것 같아 해지를 원한다'고 해서 처음 사건을 맡게 됐다. 그때만 해도 쯔양 본인이 아닌 대리인이 왔기 때문에, 누구인지도 잘 몰랐다"고 했다.

계약서를 들여다보니 의아한 점이 한두 개가 아니었다. 방송 수익 등 매출이 압도적으로 높은 유튜버였다. 그런데 계약 당사자에게 돌아오는 건 거의 없었다. 쯔양을 제외하면 다른 연예인이나 방송인이 없는 소속사임에도 불구하고 그랬다.

"본인이 소속사의 수익 대부분을 책임지고 있다면 무소불위의 권력을 휘두를 정도로 '갑'이어야 하는데, 계약서상 너무 '을'인 거예요. 그러면 근본적인 문제, 왜 계약 해지를 못 하고 끌려가는지에 대한 얘기를 할 수밖에 없잖아요. 결국 몇 번의 설득을 거쳐 정원 씨와 직접 만나서 얘기를 하게 됐죠."

김 변호사는 폭행과 성폭행 등 각종 피해 사실을 들은 뒤 정말 '희한하다'고 생각했다.

"이렇게 유명하고, 금전적으로 여유도 있고, 조력자도 있는 사람이 왜 신고도 못 하는 건가. 너무 이상했어요. 처음 저희 회사에 의뢰를 하러 왔을 때, 정원 씨와 함께 일하는 대표이사나 PD도 겁을 먹은 상태였어요. 맨날 맞는 걸 보면서도 아무것도 못 하는 상황이었으니까요. 그래서 정원 씨를 설득하는 것부터 난관이었습니다."

처음에 쯔양은 "과거의 일은 묻고, 앞으로 정산만 제대로 됐으면 좋겠다"는 마음으로 변호사를 찾았다고 한다. 하지만 상대방과의 음성 녹취록 등 증거가 쌓일수록 김 변호사의 머릿속엔 이게 맞나 하는 생각이 커져갔다.

"연인 관계였다 보니까 한번 만나면 녹음이 두어 시간씩 이어져요. 그 안에 고함, 맞는 소리, 성적인 것 등이 다 포함되어 있고요. 그걸 듣기만 해도 괴로운데, 당한 사람은 얼마나 힘들었겠어요. 그러니 단순히 계약서만 새로 쓰는 걸로 끝내면 안 되겠다고 생각했죠."

그는 쯔양에게 "이런 피해를 안고 간다는 것 자체가 개인의 인격을 말살시킨다", "이렇게 놔두면 정원 씨가 죽을 것 같다"며 상대에 대한 고소를 설득했다.

친밀한 관계에서 피해자는 신체적·정신적으로 지배당하면서 스스로 그 상황에서 벗어나기 어렵게 된다. 김 변호사는 지적한다. "어긋난 관계가 한 번에 끊어지지 않고, 피해자가 가해자에게 종속될 수밖에 없다는 게 가장 큰 문제"라고. 피해자가 가해자에 대해 '나를 힘들게 하지만, 또 내가 기댈 수 있는 유일한 사람'이라는 인식을 가지기 때문이다.

쯔양이 A와 만날 때마다 녹음한 음성 파일 수천 개에는 이런 정황이 고스란히 담겼다. 쯔양이 "헤어지자"고 해도 상대방은 이를 듣지 않고 "어차피 나 외에 아무도 없다. 너는 내 노예다"라는 식으로 말하며 폭행했다. 게다가 사업 문제까지 얽혀 있어 더더욱 쯔양은 관계를 빨리 정리하기가 어려웠다.

친밀한 관계에서의 가해자는 피해자의 정보는 물론 그의 지인 및 가족의 정보까지 알고 있고, 이것이 신고를 어렵게 만든다. 거기다 교제폭력을 개인 간 문제로 여기는 사회의 인식, 피해자가 가해자에게 폭력의 원인을 제공했을 것이라는 편견도 강하다. 이는 피해자가 주위에 자신의 상황을 제대로 알리지 못하는 배경이 된다.

참을수록 피해가 커진다

김 변호사는 쯔양 외에 스포츠 트레이너 황철순으로부터 폭행당한 여자친구 등 잘 알려진 인물들을 수차례 변호했다. 그는 스토킹처벌법 시행과 수사기관의 문제의식 개선에도 불구하고, 친밀한 관계의 범죄는 여전히 사각지대에 있다고 말했다. 스토킹처벌법은 행위의 반복성을 요건으로 하기 때문에 일반폭행에는 적용될 수 없고, 법에 따라 스마트워치가 지급되어도 경찰에 본인이 신고해야 하기 때문에 위급한 상황을 막기 어렵다는 것이다.

김 변호사는 "단 한 번의 폭행이라도 연인 관계에서 벌어진 것과 모르는 사람에게서 당한 것은 성격이 크게 다르다"며 "연인 관계의 경우 반복성이 없더라도 긴박한 상황이면 수사기관이 처음부터 나서야 더 큰 범죄를 막을 수 있다"고 강조했다.

"만약에 우리가 길을 가다가 누구한테 맞으면 바로 경찰서로 가는 게 상식이잖아요. 그런데 친밀한 관계에서는 그 관계가 깊을수록 '참아야 한다', '바로 신고하는 건 네가 지나치다'고 하는 인식이 여전히 큰 것 같습니다. 오히려 피해자가 권리를 주장하는 걸 이상하게 보기 때문에 용기를 내기가 어려운 거죠."

폭력 이후 참는 기간이 길어질수록 피해 정도도 커지는 양상을 보이는 점도 교제폭력의 특성이다. 기간이 길어질수록 협박 구실이 늘어나 피해자가 상대방의 말에 따를 수밖에 없기 때문이다. 김 변호사는 "한두 번 당하다 보면 피해자는 무기력을 학습해 헤어 나오지 못하고, 오히려 다른 사람들이 알까 봐 두려워 신고를 꺼리게 된다"고 우려했다.

"이를테면 어제 처음 맞은 사람이 바로 신고했다면 거기서 끝날 수 있었던 폭력이, 두 달 석 달 넘어갈수록 그 정도가 심해져요. 휴대폰을 던지던 사람이 칼을 던지는 상황으로 이어지는 거죠. 교제폭력은 단순한 폭행이 아니에요. 연인 사이에서만 알 수 있는 정보를 악용해 상대방을 착취한 겁니다. 피해자는 '내가 참으면 되겠지'라고 생각하지만, 한 번의 피해를 방치하면 눈덩이처럼 커져요."

쯔양 사건은 피해자가 친밀한 관계에서 일어나는 폭력으로부터 벗어나는 게 얼마나 어려운지를 보여주는 대표적 사례다. '참아야 한다'는 주변의 시선에 영향받아 참는 기간이 길어질수록, 피해 정도는 더 커진다. 모르는 사람에게 폭력을 당하면 바로 경찰에 신고하게 마련인데, 연인 관계에서의 폭력은 묻어두고 키우게 되는 현실. 이 모순을 해결하려면 우리 모두의 인식이 달라져야 할 것이다.

2장

사건 종결 내역:
연인 사이의 흔한 싸움

열한 번이나 신고했는데
목숨을 잃었다°

손은진 씨는 경북 상주에서 태어나 자랐다. 남편을 만나 결혼한 곳도 상주, 세 아이를 낳아 키운 곳도 상주다. 2009년 무렵, 남편이 경남 거제에서 새로 일자리를 구하겠다고 했다. 조선업계 활황으로 전국이 들썩거리던 때였다. 남편이 먼저 혼자 거제에 가고, 남은 손 씨는 고민했다. 계속 여기 살 것인가, 아니면 다 같이 거제로 내려갈 것인가. 2014년, 결국 다섯 가족이 함께 거제에 터를 잡게 됐다. 10년이 지난 지금 손 씨는 그 모든 선택을 후회한다.

° 만난 사람: 거제 교제살인 사건 손은진 어머니

"그때 거제로 안 왔으면, 이사를 안 오고 계속 거기 살았으면 어땠을까. 이런 후회를 매일 해요. 그러면 우리 딸도 아직 살아 있을까요? 다른 삶을 살 수 있었을까요?"

그의 둘째 딸 이효정 씨는 2024년 4월 10일 동갑내기 전 남자친구 A에게 폭행당해 사망했다. 4월 1일, A는 헤어진 효정 씨가 전화와 메시지에 응답하지 않자 자신을 무시했다며 새벽에 거제에 있는 효정 씨 원룸에 무단 침입했다. 그는 효정 씨 몸 위에 올라타 목을 조르고 머리와 온몸을 무차별 폭행했다.

피해자는 외상성 경막하출혈 등으로 전치 6주 진단을 받고 치료받다가 패혈증에 의한 다발성 장기 부전으로 열흘 만에 사망했다. 뇌를 둘러싸고 있는 경막 안쪽 뇌혈관이 터져 피가 고이고, 그 피가 썩어서 장기 기능이 상실되면서 생명을 잃었다는 뜻이다.

"화장한 뒤 바로 나온 유골함 만져보셨어요? 너무 뜨거워서 손이 불에 델 것 같거든요. 그걸 제 동생이 들고 납골당까지 갔어요. 유골함 들 땐 미끄러질 수 있으니까 장갑도 끼면 안 돼요. 그래서 동생이 그 뜨거운 걸 맨손으로 안고 땀을 뻘뻘 흘리면서 가는 거예요. 그러면서 '누나, 나는 괜찮아. 이게 뭐라고. 효정이는 훨씬 아프게 갔잖아'라고 하더라고요."

손은진 씨는 그날 이후 아파도 약을 먹거나 병원에 가지 않는다고 했다. "딸은 죽도록 맞다가 세상을 떠났는데, 내가 조금 아픈 것 갖고 그러고 싶지 않다. 차라리 그냥 빨리 효정이를 따라가고 싶다"고 말했다.

"제가 열다섯 살 때 엄마가 돌아가셨어요. 당시엔 집에서 장례를 치렀는데, 병풍을 치고 그 뒤에 시신을 모셨거든요. 병풍 뒤에서 엄마를 안고 울었을 정도로 너무 힘들고 죽을 것 같았어요. 그리고 몇 년 뒤에 아버지도 쓰러지셨어요. 뇌가 손상돼서 기억력을 잃고 동생도 못 알아볼 정도로 앓다가 돌아가셨죠. 부모님 두 분 다 잃고 홀로 남은 그때도 얼마나 슬펐는지 몰라요. 그런데도, 그 감정은 시간이 지나니까 조금 옅어지더라고요. 자식은 아닌 것 같아요. 내 새끼를 먼저 보내고는 도저히 살 수가 없을 것 같아요."

지금 손 씨를 가장 힘들게 하는 것은, 딸이 죽기 전 수많은 징후가 있었는데도 그걸 미처 알아차리지 못했다는 점이다. 몸 곳곳에 나 있던 상처와 멍 자국, 종일 휴대폰만

들여다보며 불안해하던 모습, 뭘 물어도 꾹 닫고 있던 입.

"뉴스에서 교제폭력이 어쩌고 떠들어도 일반 사람들은 그게 자기 일이 될 거라고 당연히 생각도 못 하잖아요. 돌아보면 모든 게 위험신호였는데, 죽고 나서야 깨달았다는 게 너무 원통하고 후회돼요. 그리고 이 아픔은 겪지 않으면 정말 알 수가 없어요. 하루하루 남은 사람을 갉아먹는데도 그걸 아무도 몰라요. 더 큰 문제는, 우리 같은 사람이 이 세상에 너무 많다는 거예요. 전국에서 데이트폭력, 교제폭력으로 죽은 사람들 가족 한번 모아보세요. 이게 다른 사회적 참사들하고 무슨 차이가 있어요? 똑같아요."

이번만 참자, 졸업만 넘기자 했는데…

효정 씨는 고등학교 3학년이던 2022년 4월, 동급생 A와 사귀기 시작했다. 한 남자가 벚꽃 아래 서서 웃는 여자를 보고 반해서 고백했다는, 어쩌면 흔한 시작이었다. 뭔가 이상하다는 징조는 얼마 지나지 않아 나타났다. 딸은 눈두덩이가 찢어지거나 시퍼렇게 멍들어 왔다. 처음 겪는 일에 엄마는 어찌할 바를 몰랐다. 딸에게 물으면 "그냥 싸웠다. 넘어졌다"고만 했다.

딸이 남자친구라며 소개시켜주길래 엄마는 둘을 몇 번 학교에 태워다주기도 했다.

"워낙 좁은 동네예요. 애들은 당연하고 서로 가족들이 무슨 일 하는지도 알 정도니까요. 한 다리 건너면 그 애 집이고, 독서실이고, 친척이 어디에서 무슨 가게 한다는 것까지 알아요. 애도 부모도 아는 사람이라고 생각했으니까, 효정이가 다쳐서 와도 그때는 이렇게 큰 문제라고 인식을 못 했던 것 같아요. 지금은 그렇지 않다는 걸 너무 잘 알지만요."

그해 12월, 파출소에서 "딸을 보호하고 있으니 데려가라"는 전화를 받았을 때도 그랬다.

"효정이가 그놈이랑 다른 친구들이랑 놀다가 싸움이 벌어졌나 봐요. 길거리에 나동그라질 정도로 맞았대요. 효정이가 울면서 전화를 하길래, 그 애를 바꿔달라고 했어요. 제가 뭐라고 했을 것 같으세요? 다짜고짜 소리 지르거나 우리 딸한테 지금 무슨 짓이냐고 혼냈을 것 같으시죠? 아니에요. 저는 그냥, 한숨 쉬면서 타일렀어요. '너 그러면 어떻게 하냐. 도대체 왜 그랬냐'라고요."

이후 경찰이 정식으로 사건 접수를 하겠느냐고 묻자, 손 씨는 고민하다가 안 하겠다고 했다. "걔도 효정이도 졸업이 코앞이었고, 대학도 가야 하는데 애 앞길 망치는 거 아닌가 싶어서"였다.

이 사건은 친밀한 사이에서 벌어지는 폭력의 특성을 잘 보여준다. 연인 사이에서 벌어지는 일이기에 어쩌다 한 번 그럴 수 있는 일로 여겨지기 쉽다. 둘만 있을 때 벌어져 제삼자는 사건을 제대로 파악하기 어렵다. 피해자 입장에선 연인 관계를 한 번에 끊어내는 것도 불가능하다.

'이번만 참자', '졸업만 넘기자' 하며 지나간 죽음의 그림자는 결국 피해자를 놔주지 않았다. 효정 씨는 거제를 떠나 다른 지역의 대학에 가게 됐지만 A가 따라 진학하면서 집착과 통제는 더 심해졌다. 당연히 이 모든 사실을 부모는 몰랐다.

"대학에 가고 부모랑 떨어져 살면서 어떤 선을 완전히 넘었고, 피해에 잠식된 것 같아요. 나중에야 친구들한테 듣고 알았는데, 효정이가 대학 가서 대인 기피증이 생겼대요. 걔가 거기까지 다 따라오고, 동거한다는 소문이 나고,

그래서 애들이 욕하고 따돌리고 그랬나 봐요. 다른 사람들이랑 지내는 건 어렵고 싫으니까, 계속 그 애와의 관계를 유지할 수밖에 없었던 것 아닐까요?"

가해자가 너무나 무섭고 싫은 대상인 한편, 유일하게 의존할 곳이 됐던 셈이다. 효정 씨는 결국 한 학기 만에 대학을 휴학하고 거제로 돌아오게 됐다.

손 씨는 "오랜만에 효정이를 만나는 사람들이 다 깜짝 놀라면서 '애가 얼굴에 생기가 하나도 없다'고 말했던 기억이 난다"며 "그것도 애가 타지에서 힘들었어서 그런 거려니 하고 흘려들었다"고 말했다.

"당연히 그놈이랑 관계는 고등학교 졸업 이후에 끊어진 줄 알았죠. 대학교 간 뒤에 낯선 환경에서 적응을 못 하고, 학교 친구들이랑도 잘 못 어울린 바람에 효정이가 이렇게 시들시들한가 생각했어요. 애가 길 가다가 헛것을 보기도 하고, 악몽 때문에 잠을 설치기도 했지만 그게 그놈 때문이란 걸 어떻게 알았겠어요."

또 싸웠겠거니… 기계적으로 처리한 경찰

교제폭력을 연인 간의 다툼, 또는 늘상 있는 일 정도로 안일하게 여기는 건 수사기관도 마찬가지다. 효정 씨는 사망하기 전 1년간 경찰에 열한 번이나 신고했지만, 그 어떤 신고도 말다툼과 싸움이 죽음으로 이어지는 길을 막지 못했다. 손 씨는 정보공개 청구를 통해 경남경찰청 112치안종합상황실에 접수된 효정 씨의 신고 내역을 받았다. 당시 신고 내용 일부를 소개한다. A가 전 남자친구, B가 효정 씨다.

- **사건 정보**
- 접수 일시 2023-07-02(일요일) 접수 04:56:23 종결 07:09:11
- 사건 개요 한 번만 도와주세요 울며 오프[전화를 끊었다는 뜻]
- 신고자 정보 여자
- 긴급 처리 중요
- 사건 종결 내역 A와 B는 약 1년 동안 사귄 연인 사이로 금일 04:50경 거제시 아주동 소재의 술집에서 지인 1명과 같이 술을 마심. A와 B가 가게 앞에서 담배를 피우다가 A가 지나가는 행인에게 욕설을 하면서 시비를 거는 것을 보고 이를 B가 만류. 이에 화가 난 A가 B의 손목을 잡고서 약

300~400m가량 끌고 간 뒤, 손바닥으로 B의 뺨을 5회가량 때려 신고됨. 현장 도착하니 A, B 상호 분리 조치하여 진술 청취함. A는 자신의 범행 일체를 시인하고, 인적 사항 및 주거지 등 파악되어 귀가 조치. B는 지구대로 데려와 자세한 진술 청취하니 A를 처벌까지는 원치 않고 그저 신변 보호 및 스마트워치 지급받기를 원해 피해자 인계 후 종결.

- **사건 정보**
- 접수 일시   2023-08-16(수요일) 접수 01:10:13 종결 02:45:51
- 사건 개요   GPS/ 바로 오프/
- 신고자 정보   불상
- 긴급 처리   일반
- 사건 종결 내역   A와 B는 연인 사이로 금일 술값 계산 관련 문제로 시비가 되어 말다툼을 하던 중 A가 B를 밀어서 넘어뜨린 후 뺨을 수회 폭행. B는 휴대폰으로 A의 이마를 폭행했으나 당장 사건 접수를 원하지 않아 추후 고소 절차 안내 및 귀가 조치 후 현장 종결함. 데이트폭력 경고장 발부함.

- **사건 정보**
- 접수 일시   2023-09-21(목요일) 접수 06:31:12 종결 08:15:11
- 사건개요   데이트폭력 보호 대상/ 바로 오프/ 내용 확인 바람
- 신고자 정보   불상

- 긴급 처리 　일반
- 사건 종결 내역 　금일 A의 주거지에서 B 등과 함께 술을 마시던 중 말다툼을 하다 A가 B의 머리채를 붙잡은 상태로 얼굴을 3~4회 주먹으로 때렸고 뒤이어 발로 배 부분을 가격하는 방법으로 폭행. 이에 대항하여 B가 A의 얼굴을 불상의 방법으로 폭행해 현장에 함께 있던 참고인의 진술과 A, B의 진술 토대로 쌍방폭행으로 발생 보고하여 담당 부서 인계 예정. 이들 상대로 경고장 발부했고 A의 입술 부분에 출혈이 있었으나 병원 가기를 원치 않아 공동 대응하지 않았음.

· **사건 정보**
- 접수 일시 　2023-10-15(일요일) 접수 01:44:41 종결 07:42:16
- 사건 개요 　GPS 값/ 여성: 폰으로 얼굴을 맞았다/ 남자가 전화를 대신 받아 여친 남친끼리 싸웠는데 경찰 오지 말라고 하며 최초 신고자 여성을 바꿔주지 않음/ 전화 너머 여성 고함 소리 들림
- 신고자 정보 　여자
- 긴급 처리 　중요
- 사건 종결 내역 　둘은 연인 관계로, 금일 지인 1명과 함께 셋이서 식사를 하던 중 불상의 이유로 말다툼을 했고 이어 편의점 앞 노상에서 서로 소매를 잡고 옥신각신하다 화를 참지 못한 A가 휴대폰을 쥔 오른손으로 B의 왼쪽 뺨을 1회 가격한 것. 발생 보고하여 담당 부서 인계함.

경찰은 수차례 신고에서 번번이 쌍방폭행으로 처리하거나 피해자의 처벌 불원 의사에 따라 수사를 종결했다. 이는 현행법상 폭행죄가 반의사불벌죄, 즉 피해자가 바라지 않으면 처벌할 수 없는 범죄이기 때문이다. 게다가 경찰은 A가 스토킹 범죄는 저지르지 않았다고 판단했고, 접근 금지 명령 신청 등 피해자 보호 조치도 취하지 않았다. 이에 A가 더 의기양양해졌고 폭행의 빈도와 정도도 심해졌다는 게 유족의 주장이다. 경찰의 대응에 대해 설명하던 손 씨의 목소리가 커졌다.

"가해자가 자신의 집 주소와 연락처, 가족들까지 다 알고 있는 상황에서 누가 보복을 무릅쓰고 처벌을 원한다고 말할 수 있겠어요. 비슷한 신고가 반복되면 경찰이 최소한 둘을 분리해서 조사했어야 하는데, 효정이는 한 번도 그런 적이 없다고 했어요. 신고가 들어오면 '또 싸웠겠거니' 하고 기계적으로 처리한 거죠."

경찰이 친밀한 사이에서 벌어지는 폭행의 구조적 맥락을 파악하지 못하고 단순 처리에 급급했다는 점은 2023년 7월 7일 신고에서 잘 드러난다.

- **사건 정보**
- 접수 일시 2023-07-07(금요일) 접수 05:24:17 종결 08:06:31
- 사건 개요 남자친구가 저를 팼다/ 지금 같이 있다/ 흉기를 들었어요/ 어떤 흉기를 들고 있냐고 물어보니/ 네 저를 팰라 하는데[패려 하는데] 오프/ 경남소방본부 공동 대응 요청
- 신고자 정보 여자
- 긴급 처리 중요
- 사건 종결 내역 A와 B는 약 1년간 교제하다가 최근 헤어진 사이로 B는 05:20경 거제시 장평동 식당 앞 노상에서 A와 의견 차이로 말다툼을 하다가 갑자기 소주병을 이용해 A의 머리를 1회 내리쳐 폭행. 내리친 이후 소주병이 부서지며 파편이 튀어 A의 왼쪽 팔꿈치와 오른쪽 허벅지 부위에 피해를 가했고, A는 B의 폭행에 대항하는 과정에서 B의 머리채를 잡고 바닥에 넘어뜨리는 폭행. B의 왼쪽 팔꿈치와 오른쪽 다리 무릎 부위에 피해를 가해 특수폭행 등 피의 사건 발생 보고함. 데이트폭력 경고장 발부함.

이 사건에서 이후 처벌받은 건 효정 씨였다. A는 단순폭행이라 피해자의 '처벌 불원'으로 입건되지 않았고, 효정 씨만 특수폭행으로 입건됐다. 위험한 물건을 들었기 때문이다. 2024년 2월 법원은 효정 씨에게 벌금 200만 원을 선고했다.

앞서 신고를 누가 했는지, 누가 많이 맞았는지는 고려되지 않았다. 이에 대해 손 씨는 "경찰은 단순히 '신고가 들어오니 출동한다'는 식이었다. 둘이 연인이라는 이유로 '싸울 수도 있지'라고 생각하며 아무 조치도 안 하고 끝낸 것"이라고 말했다.

손 씨는 "경찰이 스토킹 범죄로 처리해 피해자 보호 조치를 할 수 있었는데도 아무것도 하지 않은 건 직무 유기"라면서 "교제폭력을 쌍방폭행으로 종결하지 못하도록 하고, 신고 단계에서 피해자 신변 보호를 할 수 있게 해야 한다"고 주장했다.

"둘은 덩치부터가 달라요. 그 애는 키가 180센티미터에 몸무게 73킬로그램이고, 효정이는 165센티미터에 52킬로그램이에요. 이렇게 차이가 나는데, 때리면 저항하지도 말고 가만히 맞다가 죽으라는 거예요? 보통 범죄자에 대한 감형 사유 중에 하나가 '아직 젊고 앞날이 창창하다'는 거잖아요. 효정이는 살려고 몸부림쳤던 건데, 도리어 피해자만 처벌하는 법이 세상에 어디 있어요?"

손은진 씨는 딸의 사망신고를 할 때가 가장 마음이 아팠다고 말했다. 한국에선 만 17세가 되면 주민등록증을 발급받을 수 있다. 국내에 거주하는 주민으로, 시민의 한 사람으로 그 존재와 자격을 증명하는 문서다. '효도 효'에 '곧을 정', 효도하며 곧게 살라는 뜻을 담아 지은 이효정 씨의 이름, 그 이름이 쓰인 주민등록증은 발급된 지 겨우 2년도 되지 않아 폐기됐다.

"처음에는 사망신고를 최대한 미루고 싶었어요. 그러면 효정이가 진짜 이 세상에 없다는 뜻이 되니까……. 그런데 할 수밖에 없었어요. 우리가 무슨 기록이라도 떼려면, 자료를 받아 보려면 그래야 하더라고요. 사망신고를 나도 처음 해보는 거잖아요. 주민등록증을 반납하라는데, 그 말을 듣는 순간 가슴이 미어지데요. 그렇게 신고하고 나서 가족관계증명서를 다시 뗐는데, 나는 그 종이 쪼가리가 그렇게 슬픈 건지 몰랐어요. 효정이 이름 위에 '사망'이라는 글자가 적혀 있는 거예요. 아무 말도 할 수가 없었어요. 남편이랑 둘이서 그냥 막 울었어요."

손 씨가 교제폭력에 대한 처벌을 강화하고, 수사기관이 더 적극적으로 나서도록 매뉴얼을 개선하라는 내용의 국회 국민동의청원을 올린 것도 이런 억울함 때문이다. 가족·연인 간 폭행과 상해치사 사건 형량을 살인죄와 비슷하게 높이는 등 교제폭력에 대한 처벌을 강화하고, 수사 방식을 개선하라는 내용의 이 청원은 2024년 6월 14일 공개된 지 나흘 만에 시민 5만 명이 참여해 소관 상임위원회에 회부됐다. 그가 쓴 청원 내용은 이렇다.

청원의 취지

안녕하세요. 효정이 엄마입니다. 행복한 일상이 4월 1일 아침 9시 스토킹 폭행을 당했다는 딸아이의 전화 한 통으로 무너졌습니다.

20대의 건장한 가해자는 술을 먹고 딸아이의 방으로 뛰어와 동의도 없이 문을 열고 무방비 상태로 자고 있던 딸아이 위에 올라타 잔혹하게 폭행을 가했습니다.

응급실을 간 사이 가해자는 피해자 집에서 태평하게 잠을 자는가 하면, 10일 딸 사망 후 11일 긴급체포에서 풀려나 13일 친구들과 어울려 술을 마시고 다니며 "여자친구랑 헤어졌다. 공부해서 더 좋은 대학 가서 더 좋은 여자친구를 만나겠다"는 등 전혀 반성하지 않았습니다. 심지어 11일~13일 사흘간 장례가 치러지는 동안에도 조문도, 용서를 구하는 통화도 없었습니다.

이제 21살밖에 안 된 앳된 딸이 폭행에 의한 다발성 장기 부전 및 패혈증으로 4월 10일에 거제 백병원에서 사망 선고를 받았습니다. 청천벽력과 같은 현실에 부모와 가족들은 극심한 슬

품과 충격에 빠져 있습니다.

딸을 잃고 나서야 세상이 얼마나 무서운 곳인지, 앞으로 어떻게 남은 자녀들을 키워나갈 것인지 몹시도 불안하고 겁이 납니다. 사춘기 막내는 누나의 방을 보면 누나 생각이 나 집에도 잘 들어오지 않습니다. 가해자가 저희 집 주소도 알고 있고 가족들의 심신도 피폐해져 결국 이사를 할 수밖에 없었습니다.

당장에 분노를 가해자에게 쏟아내고 싶지만 남은 아이들을 보면 엄중한 법의 심판을 달게 받게 하고 싶습니다. 뉴스를 보며 남의 일이라고 생각했던 일이 저의 일이 되었습니다. 제2, 제3의 효정이가 더는 있어선 안 되겠지요. 저희 가족과 같은 고통을 받으면 안 됩니다.

효정이는 경찰에 11회나 신고를 했지만 어떤 보호도 받지 못했습니다.

국과수 부검 결과 효정이는 가해자에게 폭행당해 사망한 것으로 드러났습니다. 그런데도 가해자는 상해치사, 주거침입, 스토킹으로만 기소되었습니다. 사람을 죽여놓고도 형량이 3년 이상의 징역밖에 안 돼 형을 살고 나와도 가해자는 20대입니다. 치사는 실수로 죽인 것이지만 가해자는 명백히 효정이를 죽이기 위해 목을 조르고 반항할 수 없도록 결박한 채로 폭행했습니다.

국민 여러분! 살인자 김 씨가 합당한 벌을 받아 선례를 남길 수 있도록, 제2의 효정이가 생기지 않도록 관심을 가져주시길 간곡히 바랍니다.

청원의 내용

1. 가해자를 열한 번이나 멀쩡히 풀어준 거제 경찰의 책임을 명명백백히 밝히고, 교제폭력에 대한 수사 매뉴얼을 전면적으로 개선해야 합니다.

효정이는 가해자를 열한 번이나 신고했지만 경찰에서 번번이 쌍방폭행으로 처리해 풀어줬고, 김 씨는 더 의기양양해져서 제 딸에게 "이제는 주먹으로 맞는다", "너 죽어도 내 잘못 아니래"라고 했습니다. 경찰이 김 씨의 폭력을 방관하고 부추긴 거나 다름없습니다. 심지어 경찰은 가해자가 구속될 때 "가해자 인생도 생각해달라"라고 훈계하는데 억장이 무너졌습니다. 정작 효정이가 살려달라고 열한 번이나 신고했을 때에 경찰은 가해자에게 '효정 씨 인생도 생각해달라'라는 말 한 마디, 권고 조치 한 번 해주지 않았습니다.

경찰은 김 씨의 범죄를 스토킹 범죄로 처리해서 피해자 보호 조치를 취할 수 있었음에도 아무것도 하지 않았습니다. 저희 딸의 생전 신고를 부실하게 처리한 담당 경찰들이 누구인지 밝혀 직무 유기 등 마땅한 책임을 물어야 된다고 생각합니다. 그리고 수사기관에서 교제폭력을 단순 쌍방폭행으로 종결시키지 못하도록, 신고 단계에서 신변 보호 조치를 적극적으로 할 수 있도록 수사 매뉴얼을 전면적으로 개선할 것을 요구합니다.

2. 폭행·상해치사 가족·연인 간 양형 가중/스토킹 면식범 양형 가중을 요구합니다.

가해자 김 씨는 폭행·상해치사죄로 기소되었고, 폭행·상해치사죄는 살인의 고의가 없는 범죄인 만큼 살인죄보다 죄질과 형량이 훨씬 더 가볍습니다. 교제폭력처럼 친밀한 관계에서 발생하는 살인 사건의 경우 가해자가 오랜 기간 악질적으로, 상습적으로 피해자를 때리다가 죽이는 경우가 대부분입니다. 하지만 이런 살인 사건은 폭행·상해치사죄로 취급되어 감형받는 면죄부를 받고 있습니다. 가해자 김 씨는 무방비로 자고 있던 저희 딸 위에 올라가 목을 조르고 한쪽 눈이 감겨지지 않을 때까지, 온몸에 피멍이 들 때까지 폭행하는 짐승 같은 짓을 60분 동안 했는데도 사법 관행상 살인죄와 비슷한 형량으로 처벌받지 못한다니 정말 답답합니다. 잘못된 사법 관행을 철폐하고, 가해자 김 씨가 합당한 처벌을 받도록 가족·연인 등 친밀한 관계에서 발생하는 폭행·상해치사 범죄의 경우 살인죄와 비슷한 형량으로 가중할 것을 요구합니다. 그리고 비슷한 취지에서 스토킹 범죄에서 가해자가 면식범인 경우 양형을 가중할 것을 요구합니다.

3. 국회에서 지금 당장 교제폭력 가해자들이 제대로 처벌받고, 피해자들은 보호받을 수 있는 교제폭력처벌법을 마련할 것을 강력히 요구합니다.

교제폭력은 형법상 협박, 폭행죄로 취급되어 반의사 불벌 조항이 적용되어서 피해자가 처벌을 원하지 않는다고 말하면 가해자를 처벌할 수 없게 됩니다. 하지만 가해자가 피해자의 신상을 잘 알고 있어서 손쉽게 보복할 수 있는 상황에서 피해자에게 가해자의 처벌을 정말 원하냐고 묻는 건, 가해자에게는 피해자만 잘 위협하고 을러대면 처벌받지 않을 수 있다는 메세지를 주는 거나 다름없습니다. 국회의원들이 '교제 관계를 정의하기 어렵다'라며 탁상공론을 하며 법제 개선을 외면하는 동안에도 수많은 교제폭력 피해자들이 살해당하고 있습니다. 국회에서 지금 당장 반의사 불벌 폐지, 피해자 보호 조치를 포함하여 제대로 된 법안을 마련할 것을 요구합니다.

이 청원은 2024년 7월 24일 제416회 국회(임시회) 법제사법위원회 제4차 전체 회의에서 논의되었으나, 이후로 어떤 진전도 이루어지지 않았다. 이 회의에서 관련 논의는 단순히 청원 내용을 짚는 데 그쳤다. 당시 논의 내용은 다음과 같다.

"교제폭력 관련 제도 개선에 관한 청원입니다. 거제 교제폭력 사망 사건과 관련해 친밀한 관계에서의 폭행·상해치사죄 등에 대한 가중처벌과 교제폭력처벌법 마련 등을 요청하는 내용입니다.
친밀한 관계에서의 범죄를 강하게 처벌하기 위한 방법으로는 우선 폭행·상해치사죄에서 가중처벌하는 방법이 있습니다. 현재 형법으로 처벌하는 폭행·상해치사죄 중에서 가족·연인 등 친밀한 관계에서 벌어지는 범죄를 양형의 가중 인자로 반영해 가중처벌하는 것입니다. (…)

다음은 교제폭력처벌법이라는 새로운 법을 만들어 처벌하는 방식이 있습니다. 교제폭력은 관계의 특수성으로 인해 살인 등 중대 범죄로 확산될 우려가 높습니다. 교제폭력의 고유한 특성을 반영한 범죄 처리 절차를 만들고, 피해자를 보호하기 위한 제도적 장치를 마련할 필요가 있습니다.

입법 방식과 관련해서는 기존의 가정폭력처벌법 또는 스토킹처벌법을 개정하는 방안과, 별도의 특례법을 제정하는 방안이 있습니다. 현재 이와 관련된 세 건의 법안이 논의되고 있고, 이를 바탕으로 심사할 필요가 있습니다.

법무부는 스토킹처벌법 등으로 처벌할 수 없는 유형의 폭력 범죄에 대해서는 피해자 보호를 위한 안전장치가 제한적이므로, 관련 논의에 적극 참여하겠다는 의견을 제시했습니다."

이 청원은 다른 법안과 함께 심사를 위해 법안소위에 회부되었으나, 이후에도 논의는 소득 없이 끝났다. 국회 청원 이후 2025년 7월 현재까지 여전히 관련 법 개정은 이루어지지 않았다.

전문가인 경찰이 위험도를 판단해야

현재 경찰은 스토킹과 가정폭력 신고가 들어오면 현장에서 재범 위험성을 판단하기 위해 '긴급 응급조치 판단표'와 '긴급 임시조치 판단표'를 활용한다. 긴급 응급조치는 스토킹 가해자가 피해자 위치의 100미터 이내에 접근하지 못하게 하는 조치고, 긴급 임시조치는 가정폭력 가해자를 주거지 등에서 퇴거시켜 피해자와 분리시키는 조치다.

비슷한 듯 다른 조사표 두 개를 활용해야 하니 경찰은 초동 조치 때 혼란을 겪는다. 위험을 판단하는 문항이 추상적이고, 피해자가 본인 상황을 제대로 체크할 수 없다는 점에서도 한계가 크다.

예를 들어 긴급 임시조치 판단표를 보면 사건 처리 참고 기준에 '상해', '특수폭행·협박', '상습폭행·협박', '손괴', '일반폭행·협박' 등으로 범죄 유형이 구분된다. 그런데 신고 당시 외상이 보이지 않는 폭행이나 목을 조르는 행위 등은 이 범주 안에 들어가기 어렵다. 현행 가정폭력처벌법은 신체 외상뿐 아니라 '심리적 통제'도 처벌할 수 있도록 하지만, 현재 체크리스트에는 이 부분도 빠져 있다.

이에 전문가들은 친밀한 관계 범죄의 특성을 고려해

수사기관이 더 적극적으로 나설 수 있는 체계를 만들어야 한다고 말한다. 가해자가 '친밀한' 사람인 만큼 피해당사자가 위험을 제대로 판단하기 어렵기 때문이다.

이경하 한국여성변호사회 인권이사는 현행 수사와 법체계가 위험에 놓인 교제폭력 피해자에게 실질적으로 도움이 되지 않는다고 지적했다.

"친밀한 관계에서는 피해자가 가해자의 위험성을 과소평가하기 쉽고, 자신이 가해자를 통제할 수 있다고 착각하기 쉬워요. '잘 아는 사람'이라고 생각해서 위험 여부를 수동적이고 소극적으로 판단하죠. 수사기관에서 지급한 스마트워치를 스토킹 범죄 등의 피해자들이 먼저 반납하는 것도 그 때문입니다. 하지만 교제폭력은 일견 경미해 보이는 범죄에서 시작해 폭행, 결국 살인 등 강력범죄로 진화할 가능성이 높다는 게 문제죠."

효정 씨 유족에 대한 변호를 항소심부터 맡은 이 변호사는 그의 사례를 예로 들면서, 수사기관에서 현재보다 훨씬 더 복합적으로 피해 상황을 따져봐야 한다고 강조했다.

"경찰에서는 항상 '피해자가 괜찮다고 했다, 조치를 원하지 않았다'고 해요. 이번 사건도 마찬가지입니다. 효정 씨가 그간 수많은 신고 이후에도 정식 수사를 원하거나 보호 조치를 요구하지 않았기 때문에 경찰로선 할 수 있는 일이 없었다는 거죠. 하지만 피해자를 보호하는 게 수사기관의 임무인데, 이건 변명에 불과하다고 생각해요. 피해자 의사대로 모두 따를 게 아니라 기관이 전문가로서 위험도를 객관적으로 체크하고, 피해자의 상황에 개입할 수 있어야죠."

세계 최대 치안 관련 비영리단체인 세계경찰청장협회(IACP)는 〈친밀 관계 폭력 대응 정책 및 교육 가이드라인 Intimate Partner Violence Response Policy and Training Content Guidelines〉을 통해 두 사람 중 지속해서 심각한 위협을 미치는 '주 가해자'가 누구인지 구분하도록 한다. 또 협회는 현장 경찰이 주 가해자가 없다고 판단할 경우 상부에 보고하도록 해 현장 단계에서 적극 대응할 수 있는 체계를 마련해야 한다고 제언한다. IACP에서 운영하는 22개의 가이드라인은 아래와 같다.

경찰관은 철저하고 포괄적인 조사를 통해 얻은 모든 정보를 활용하여 주요 가해자를 판단해야 합니다. 누가 누구에게 가장 심각하고 지속적인 위협을 가하고 있는지를 판단할 때, 경찰관은 다음 사항들을 고려해야 합니다.

1. 관계에서 위협과 협박을 사용하는 사람은 누구입니까?
2. 관계에 있는 두 사람 중 어느 한 사람이 파트너를 고립시킵니까?
3. 비하하는 호칭, 굴욕적인 발언 등 정서적·감정적 학대를 하는 사람은 누구입니까?
4. 피해자나 용의자가 관계에서 상대를 비난하거나 사건 내용을 부인하는 양상은 어떻게 나타납니까?
5. 누가 의도를 관철시키기 위해 상대와의 관계에서 아이들을 이용합니까?
6. 누가 다른 사람을 통제하기 위한 방법으로 성적 접촉을 강요하거나 성적 행위를 사용합니까?
7. 누가 금전과 재정을 통제하거나 이를 통해 상대를 통제합니까?
8. 누가 강압과 위협을 행사합니까?
9. 위협이 실제로 실행되었거나 실행하기 위한 단계가 진행되었습니까?
10. 어느 한쪽이 폭력 범죄를 저지른 전력이 있습니까?
11. 해당 주거지에 대한 신고 기록에서 어떤 정보를 얻을 수 있습니까?
12. 둘 사이에 친밀한 관계에서의 폭력 이력이 있습니까?

13. 당사자 간에 물리적 신체 차이가 있습니까?
14. 양측 중 누군가 접근 금지 명령을 받았거나 그러한 이력이 있습니까?
15. 누가 상대방을 공격할 가능성이 더 높아 보입니까?
16. 양측이 입은 부상은 어느 정도로 심각합니까?
17. 어느 한쪽이 정당방위를 했습니까?
18. 앞으로 폭력 가능성이 있습니까? 만일 그렇다면 누구에 의해서 있습니까?
19. 누가 총기나 기타 무기에 접근할 수 있습니까?
20. 양측의 부상 유형은 무엇입니까? 부상이 공격적입니까 아니면 방어적입니까?
21. 누가 상대방에 대한 두려움을 표현합니까?
22. 목격자로부터의 증거가 있습니까?

사건이 발생한 맥락을 고려해 철저히 조사한 뒤 경찰관이 양측 모두 동등한 폭력을 행사했으며 정당방위가 없었고 주요 가해자가 없다고 판단할 경우, 상급자에게 이를 보고해야 합니다.

경찰관이 양측 모두를 체포할 만한 개연성이 있다고 판단할 경우, 체포한 경찰관은 각 체포에 대해 별도의 보고서를 작성 및 제출하고 체포의 개연성에 대해 상세히 설명해야 합니다.

이예은 여성의당 정책위원회 의장은 IACP 가이드라인 내용대로 "경찰은 단순히 범죄 유형에 집중할 게 아니라 구체적으로 어떤 피해가 있었는지, 피/가해자의 신체 차이는 없는지 세세하게 따져봐야 한다"며 "특히 눈에 띄는 외상이 없더라도 목을 조르는 피해가 있었는지 면밀하게 살피는 체크리스트가 꼭 필요하다"고 말했다. 이어 "수사기관 내에 친밀한 관계 범죄, 젠더폭력에 대한 전문가 집단을 둬 실질적인 대응 방안을 마련해야 한다"고 강조했다.

"지금도 경찰 내부엔 가해자의 위험도를 체크해서 보호조치를 할지 말지 결정하는 과정이 있지만, 그 지표가 너무 거칠게 구분된 게 문제입니다. 목을 조르는 행위도 전치 2~3주 진단을 받으면 일반폭행에 불과해요. 법적으로 따져봤을 땐 무기를 들었다거나 하는 특수폭행이 아니니까요. 그런데 목을 조른다는 건 살인이나 살인미수까지 갈 수 있는, 아주 위험한 신호입니다. 이런 현실이 수사기관의 사건 처리 단계부터 잘 반영되도록 해야 합니다."

교제폭력은 우발적 폭행과 다르다

손은진 씨는 딸을 죽게 만든 A의 범죄 혐의를 살인죄로 변경해야 한다고 주장하고 있다. 유족은 2024년 8월 창원지법 통영지원에서 열린 A에 대한 재판에서 검찰이 적용한 상해치사·스토킹 혐의 대신 살인죄를 적용해야 한다며 법원에 공소장 변경 의견서를 제출했다. 유족 측은 그 의견서에서 이렇게 밝혔다.

"A가 피해자에게 참을 수 없는 폭력적 감정이 극에 달한 상태에서 집에 무단으로 침입한 뒤 머리와 얼굴을 30분 동안 폭행하고 심지어 목도 졸랐습니다. A는 피해자가 사망할 수 있을 것을 미필적으로나마 인식했고, 사망하더라도 어쩔 수 없다는 의사를 갖고 폭행한 만큼 살인죄로 처벌해주기를 간곡히 부탁드립니다."

하지만 1심에서 이 요청은 받아들여지지 않았다. 2024년 11월 14일 법원은 A에 대해 징역 12년을 선고하고, 40시간의 스토킹 치료 프로그램 이수를 명령했다. 이는 검찰이 구형한 20년에는 못 미친다. 그러나 상해치사 양형 기준이 보통 3~5년, 가중해도 4~8년인 점을 고려하면 이번 판결은 친밀한 관계에서 벌어지는 폭력에 대해 재판부가 심각하게 받아들이고 중형을 선고한 것으로 보인다.

재판부는 판결문에서 양형 이유를 다음과 같이 설명

하면서, 엄중한 처벌을 통해 사회적 경각심을 줘야 한다고 했다.

"연인 관계에서 발생하는 이른바 데이트폭력은 가해자와 피해자의 특수한 관계 때문에 가해자가 범죄의 심각성을 제대로 인식하지 못하거나, 분노 등의 감정이 폭발한 상태에서 범행에 이르게 되어 행위의 위험성이 가중되는 경향이 있다. 이 사건 각 범행은 데이트폭력 범행으로 사회적으로 큰 공분을 일으켰다. 이러한 범행에 대한 비난의 목소리가 더욱 거세지고 있는 현시점에서 엄중한 처벌을 통해 사회적 경각심을 주는 것이 절실하다.

피고인이 별다른 망설임 없이 피해자에게 유형력을 행사한 점, 그 강도·횟수·가해진 시간 등을 고려하면 피고인의 죄책이 매우 무겁다. 피해자는 19세의 젊은 나이에 자신에게 펼쳐진 앞날을 경험해보지 못한 채 생을 마감했다. 유족들은 형언할 수 없는 슬픔과 고통을 겪고 있으며, 피고인에 대한 강력한 처벌을 바라고 있다. 피고인은 이 사건 범행에 따른 죄책을 온전히 인정하고 있지 않고, 피해 회복을 위해 적극적으로 노력하고 있지 않다."

그러나 재판부는 A가 살인죄로 기소되지 않은 점을

지적하는 동시에 사건이 다소 우발적으로 일어났다고 판단했다.

"다만, 피고인이 살인의 고의를 가지고 사람을 살해했다는 '살인죄'로 기소된 것은 아니고, 교제를 중단하자는 피해자에게 보복할 목적을 가지고 계획적으로 이 사건 각 범행을 저지른 것으로는 보이지 않는다. 또한, 피고인은 피해자와 자주 다투기는 했으나 일방적으로 폭행하는 관계에 있었던 것으로 보이지는 않고, 이 사건 각 범행은 피해자와 감정 대립 중 극도로 흥분한 상태에서 다소 우발적으로 일어난 것으로 보인다."

이에 대해 경남 지역 여성단체들은 기자회견을 열고 "교제폭력은 친구나 지인 간의 우발적인, 일회성의 폭행과 다르다"며 "살인죄로 공소장 변경을 해야 한다"고 주장했다. 거제 사건에서 가해자는 피해자의 머리를 폭행하고 목을 졸랐다. 죽을 걸 알면서도 그랬다는 것이 가해자와 피해자의 메신저 대화에 드러났다.

교제폭력에서 '목 졸림'은 중요한 양상이다. 정재흔 경남여성회 사무국장은 기자회견에서 "교제폭력은 협박 범죄에서 갑자기 강력범죄로 넘어가는 경향이 있다"며

"목 졸림은 피해자의 목숨이 나에게 달려 있다는 걸, 그 알량한 권력감과 과시 욕구를 드러내는 것"이라고 했다. 이들은 기자회견에서 말했다.

"죽으라고 머리를 때리고 바닥에 찧고 목을 졸랐는데 어째서 살인이 아니라 상해치사입니까. 제대로 기소하십시오. 이건 살인입니다. 세 살배기 애들도 머리를 맞으면 죽는다는 걸 압니다. 그런데 알 것 다 아는 인간들이 자꾸 치사라고 합니까?"

결국 이런 판결이 반복되는 이유는 남성이 여성에게 저지른 폭력을 바라보는 사회의 시선이 바뀌지 않기 때문이다. 가정폭력이든 교제폭력이든 남성 파트너가 여성 피해자를 지속적으로 폭행하다가 사망에 이른 경우 대부분 형법상 폭행치사, 상해치사가 적용된다. 계속 맞던 여성이 남성 파트너를 살해한 경우엔 '계획 살인'으로 중형이 선고되는 것과 대조된다.

정 사무국장은 "여성이 생존을 위해 자기방어를 한 것이 쌍방폭행으로 처리되고 여전히 반의사불벌죄가 남아 있다. 바로 이런 현실로 인해 신체적, 정신적 우위에 있는 남성이 여성에게 저지르고 있는 강력범죄가 가려진다"고 비판했다. 그는 이어 말했다.

"남녀 간 신체적 우위를 무시하고 있는 작금의 법은 반드시 개정되어야 합니다. 형사법 양형 기준에서 여성폭력 부문을 개선해야 합니다. 강력범죄 피해자의 절대 다수가 여성이란 사실을 그냥 넘어가서는 안 됩니다. 여성 학살을 멈출 방법은 단 하나, 강력 처벌뿐입니다."

다시 해가 바뀌었지만 달라진 것은 없다. 2025년 4월 2일 열린 항소심 공판에서 어머니는 다시 호소했다.

"이 자리에 제가 아닌 제 딸이 있어야 하는데 제가 대신 있다는 게 아직도 믿기지 않습니다. 우리 가족은 왜 딸을 지키지 못했는지 자괴감과 자책감을 갖고 매일 고통 속에 살고 있습니다. 딸이 열한 번이나 신고했을 때 경찰은 연인 사이 다툼으로 가볍게 취급했습니다. 이런 상황이 반복되다 보니 가해자는 의기양양해지며 더 심한 폭행을 저질렀고, 이제 딸은 세상에 없습니다. 키 180센티미터 거구의 가해자는 160센티미터대 딸의 머리를 집중적으로 구타하고 목을 졸랐는데도, 연인 간 사랑싸움이라는 편견 때문에 수사기관은 딸을 구해주지 않았습니다. 하고 싶은 것과 이루고 싶은 것도 많았던 제 딸이 살아 있다면 올해 스물한 살입니다. 가해자는 제 딸의 남은 삶과 창창한 미래, 행복했던 한 가정을 모두 빼앗아 간 만큼 저희는 가해자를 절대 용서할 수 없습니다. 수사기관은 딸을 구해주지 못했고 이제 남은 건 법원 판단밖에 없습니다. 엄중한 처벌로 딸을 잃은 가족의 고통과 어린 나이에 눈도 못 감고 세상을 떠나야 했던 딸의 고통을 덜어주기를 부탁드립니다."

한편 손은진 씨는 검찰 측에 가해자의 공소장을 '상해치사죄'에서 '살인죄'로 변경할 것을 촉구하는 1인 시위를 진행하고 있다. 거제에서 한 시간 30분을 달려 창원까지 와서 시위를 이어가고 있는 것이다. 또한 2024년부터 국회에서 열리는 기자회견과 정책 간담회에 참석해 교제폭력 입법을 호소하고 있다.

그러나 교제폭력 관련 법안은 지난 19대 국회 때부터 몇 차례 발의되었음에도 번번이 국회의 문턱을 넘지 못했다. 2024년 개원한 22대 국회에서도 여러 법안이 발의되었지만, 그 모두가 논의되지 못한 채 국회에 계류 중이다.

교제폭력 피해의
실태와 현황

2024년 4월 호주에선 여성폭력에 반대하는 전국적 시위에 수천 명이 모였다. 2024년 들어 살해된 여성이 28명으로, 2023년 같은 기간에 비해 두 배 늘어났기 때문이다. 앤서니 앨버니지 Anthony Albanese 총리가 직접 시위에 참석해 "여성과 아동에 대한 폭력은 '국가적 위기'이자 사회 전체의 문제"라며 "이를 근절하기 위해 논의할 것"이라고 밝혔다. 이후 정부는 가정폭력 피해 여성 보호 등에 10억 호주 달러(약 9000억 원)를 지원하기로 했다.

수사기관도 사태를 심각하게 받아들이고 '가정폭력범 소탕'에 나섰다. 시위 한 달 뒤, 시드니가 있는 뉴사우스웨일스주 경찰은 가정폭력 범죄자와 고위험자를 대상으로 대대적인 단속을 실시해 554명을 체포했다. 가정폭력 문제로 경찰에 접수된 신고를 바탕으로 수년간 축적한 정보로 고위험 범죄자를 추려 붙잡은 것이다. 수사기관이 여성폭력 증가에 경각심을 가지고 인력과 자원을 투입한 결과다.

한국은 공식 통계조차 없다

친밀한 관계의 폭력은 가해자와 피해자가 전혀 모르는 사이가 아니기 때문에 폭력 피해를 드러내 문제를 제기하기가 어렵다는 게 가장 큰 특징이다. 피해가 드러난 경우에도 "폭력이 아니라 좋아해서 그런 것"이라는 말로 넘어가기 쉽다. 폭력 발생의 원인을 피해자에게 돌려 비난하거나, 해결의 책임을 지우는 경우도 많다. 이 같은 친밀한 관계의 폭력 특성상 그 실태를 제대로 파악하는 것에서부터 시작해야 하고, 따라서 통계가 중요하다.

그러나 앞서 말한 호주와 달리, 한국에는 이에 대한 공식 통계조차 없다. 즉 매년 몇 명의 여성이 친밀한 관계의 남성에게 목숨을 잃는지 파악할 수 있는 자료가 없다는 말이다.

김남희 더불어민주당 의원은 경찰청이 2024년 처음

집계한 통계 자료를 넘겨 받았다. 이 자료를 보면 2023년 발생한 총 764건의 살인 중에서 가정폭력, 교제폭력, 스토킹, 성폭력 등 선행 피해가 있었던 사건이 147건으로 나타났다. 가정폭력 87건(59.2%), 교제폭력 38건(25.9%), 스토킹 18건(12.2%), 성폭력 4건(2.7%) 순이었다. 전체 살인 중 19.2%가 친밀한 관계에 의한 살해였다는 것이다.

이 통계는 수사기관이 젠더폭력의 양상을 알아보려는 첫 시도였다는 점에서 의미가 있다. 하지만 '선행 피해'의 기준이 무엇인지 알 수 없다는 점, 여러 피해가 중첩된 경우 하나만 보여준다는 점, 살인이 아닌 상해치사나 폭행치사는 아예 집계에 포함되지 않았다는 점 등이 한계로 꼽힌다. 김남희 의원은 "경찰청은 이와 관련해 피해 유형별 과거 신고 이력이나 당시 경찰 대응 내용조차 관리하고 있지 않다"며 "피해 현실을 제대로 파악하려는 노력 없이 수치 내는 데 급급했다는 뜻"이라고 말했다.

가장 심각한 것은 이 통계에선 가해자·피해자의 성별을 알 수 없다는 점이다. 2020년 유엔 자료를 보면 전 세계 살인 피해자 중 여성 비율은 20%지만, 가해자와 피해자가 친밀한 관계였던 살인 사건만 따로 떼어내보면 피해자의 80%가 여성이다. 한국에서도 비슷한 양상인지 확인하려면 성별 분석이 필요하지만 경찰은 공개하지 않고 있다.

이런 상황에서 친밀한 관계의 남성 파트너에 의한 여성살해 실태를 파악하고 있는 건 정부 기관이 아닌 시민단체다. 한국여성의전화는 언론에 보도된 사건을 기준으로 직접 피해를 분석해 2009년부터 15년째 〈분노의 게이지〉 통계를 내놓고 있다.

이 자료에 따르면 2009년부터 2024년까지 언론에 보도된 친밀한 관계의 남성 파트너에 의한 여성살해 피해자는 최소 1560명이다. 살인미수 등까지 포함하면 3613명, 피해자의 주변인까지 포함하면 4423명이다. 16년간 최소 1.62일에 1명의 여성이 친밀한 관계의 남성 파트너에 의해 살해되거나 살해될 위험에 놓여 있었다는 것이다.

이 중 가장 최근 자료인 〈2024년 분노의 게이지〉 보고서를 보면, 2024년 언론에 보도된 친밀한 관계의 남성 파트너에게 살해된 여성은 181명으로 나타났다. 이틀에 한 명씩 살해당한 셈이다. 살해될 위험에 처했던 피해자까지 합한 수는 최소 650명에 달했다. 피살 여성 181명에 살해 위험에서 살아남은 여성 374명, 피해자의 자녀·부모·친구 등 주변인 피해자 95명을 포함한 수치다. 최소

15.8시간마다 1명의 여성이 친밀한 관계의 남성 파트너에 의해 살해되거나 살해될 위험에 처해 있으며, 주변인 피해까지 포함하면 최소 13.5시간마다 1명이 피해를 당하고 있다.

총 650명의 피해자 중 연령대를 확인할 수 있는 건 346명이었는데, 이 중 20대가 21.97%(76명)로 가장 높았다. 30대가 19.36%(67명), 40대가 18.50%(64명), 50대가 17.05%(59명)로 그 뒤를 이었고, 60대는 11.85%(41명), 70대 이상은 5.78%(20명), 10대는 5.49%(19명)였다. 이 같은 수치는 친밀한 관계의 남성 파트너에 의한 여성살해가 전 연령대에서 나타난다는 점을 보여준다.

그림1　**2024년 언론에 보도된 교제살인(미수 포함) 피해자 연령**
(단위: 퍼센트, 자료: 한국여성의전화)

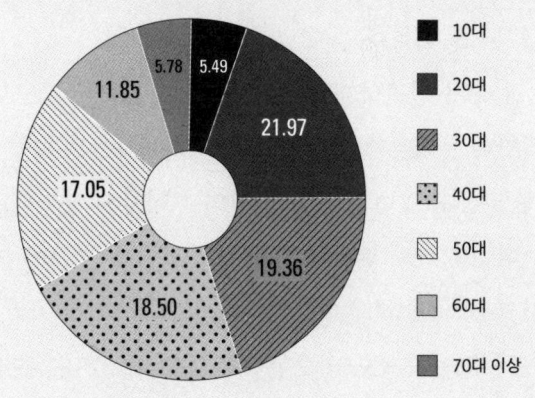

그림2 2024년 언론에 보도된 교제폭력 가해자의 범행 이유
(단위: 퍼센트, 자료: 한국여성의전화)

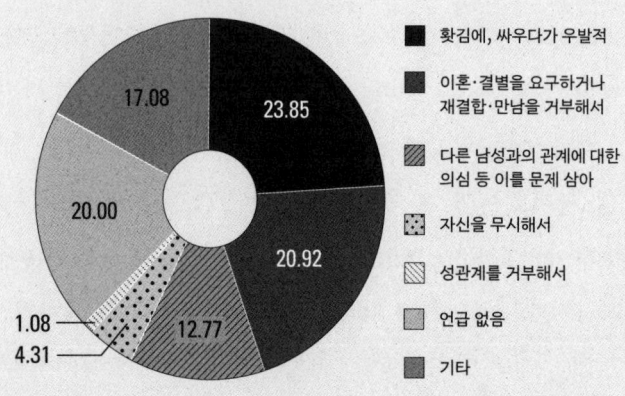

 가해자가 주장하는 범행 이유는 '홧김에, 싸우다가 우발적'이 23.85%(155건)로 가장 많았다. '이혼·결별을 요구하거나 재결합·만남을 거부해서'가 20.92%(136건), '다른 남성과의 관계에 대한 의심 등 이를 문제 삼아'가 12.77%(83건)로 뒤를 이었다.
 경찰에 신고하거나 피해자 보호 조치를 받고도 살해되거나 살해당할 위험에 처했던 피해자들은 114명(17.5%)에 달했다. 일면식 없는 남성의 여성살해 사건도 분석했는데, 187명의 피해자와 그 주변인이 살인(25명) 또는 살인미수(162명) 피해자가 됐다.
 2023년 집계도 비슷한 양상이다. 〈2023년 분노의 게

이지)에 따르면 2023년 한 해 동안 친밀한 관계의 남성 파트너에 의해 살해된 여성은 최소 138명, 살인미수 등으로 살아남은 여성은 최소 311명으로 나타났다. 자녀·부모·친구 등 주변인 피해자 수를 포함하면 살해되거나 살해될 위험에 처했던 피해자 수는 최소 568명에 이르렀다.

주변인 피해는 살해당한 피해 당사자뿐 아니라 피해자와 다양한 관계를 맺고 있는 사람, 반려동물에 대한 피해를 합한 것이다. 이는 전체 119건 중 자녀 피해가 43건으로 가장 많았고, 그 뒤를 반려동물 피해(23건), 전/현 배우자·애인 피해(18건), 동료·친구 등 지인 피해(14건)가 이

그림3 2023년 언론에 보도된 주변인 피해자 현황
(단위: 건, 자료: 한국여성의전화)

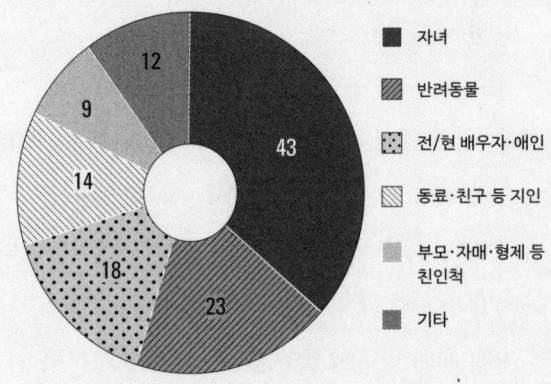

었다. 부모·자매·형제 등 친인척 피해(9건)와 기타 피해(12건)도 있었다. 이 중 반려동물 피해에는 피해자의 눈앞에서 반려동물을 죽인 사례, 피해자가 키우는 동물을 세탁기에 돌려 살해한 사례 등이 포함됐다.

가해자가 주장한 범행 동기 중 가장 많은 비율을 차지한 것은, 2024년과 마찬가지로 '홧김에, 싸우다가 우발적'(20.60%, 117명)이었다. 하지만 이들의 주장을 상세히 살펴보면 여성을 소유물로 보고, 피해자가 자신이 원하는 대로 하지 않으면 살인을 저질러도 된다는 잘못된 인식이 드러난다. 이들은 "자유롭게 돌아다니면서 행복하게 지내는 것 같아서", "잠자는데 불을 켜서", "텔레비전 전원을 끄지 않아서", "휴대전화 잠금을 풀어주지 않아서", "내 말을 듣지 않아서", "맞아야 말을 들어서" 같은 이유를 들었다.

다른 범행 동기들도 2024년과 마찬가지로 '이혼·결별을 요구하거나 재결합·만남을 거부해서' 18.31%(104건), '다른 남성과의 관계에 대한 의심 등 이를 문제 삼아' 14.08%(80건), '자신을 무시해서' 4.40%(25건) 등의 순으로 나타났다. 피해자가 가해자의 통제를 벗어나거나, 벗어나려고 시도할 때 피해는 더욱 심각해졌다.

이에 대해 한국여성의전화는 이렇게 지적했다.

"친밀한 관계 내 여성폭력은 폭력의 연속선에서 일어나며 결코 우발적으로 발생하지 않는다. 그러나 법원은 가해자의 이러한 '주장'을 받아들여 '우발적으로' 일어난 범죄라는 이유로 감형하기도 한다. 이는 우리 사회가 여전히 가해자들의 '주장'을 용인하며, 친밀한 관계 내 여성폭력이 발생하는 구조적 원인을 인지하지 못하거나 외면하고 있음을 방증한다."

이 같은 통계는 언론에 보도된 사례를 바탕으로 한 최소한의 수치다. 뉴스에 나오지 않았던 사건까지 포함하면, 친밀한 관계의 남성 파트너에 의해 살해당했거나 살해될 위험에 처했던 여성의 수는 훨씬 많을 것으로 추정된다.

이를 실제와 비교할 수 있는 유일한 근거는 대검찰청 범죄 분석 자료다. 2022년 범죄 피해로 사망한 여성의 수는 178명이고, 매년 200명 전후의 여성 사망자가 발생한다. 이를 종합하면 범죄 피해로 사망한 여성 중 상당수가 친밀한 관계에서의 범죄로 피해를 입었다고 추정할 수 있다.

호주 인구가 한국의 약 절반이라는 점을 고려하면 피해자 수치는 비슷하다. 다른 것은 국가의 문제의식이나 정책적 대응, 수사기관의 의지다. 근본적으로는 교제폭력을 '정의'하여 법의 테두리 안으로 가져와 처벌하지 못하는 것이 큰 한계다.

친밀한 관계를 정의하는 건 어렵지 않다

현재 국내에서 여성에 대한 폭력을 따로 다루는 법은 성폭력처벌법, 가정폭력처벌법, 스토킹처벌법 등이다. 그러나 이것들은 결혼하지 않은 연인 사이의 범죄를 담지 못하고, 폭행과 성폭행이 동시에 벌어지는 현상 및 스토킹과 불법 촬영 범죄가 중첩되는 양상도 담지 못한다. 특히 연인 관계에서의 폭력은 한 번에 그치지 않고 살인까지 이어질 우려가 크다. 이 때문에 교제폭력 피해자를 포괄적으로 보호하는 보완 입법이 필요한 상황이다.

이 같은 주장이 이어지며 21대 국회에서도 가정폭력법 개정안과 교제폭력법 제정 법안이 수차례 발의됐다. 하지만 어디부터 어디까지를 '교제 관계'로 볼 것인지가 모호하다는 이유로 제대로 된 논의도 없이 모두 폐기됐다.

해외에선 이미 수십 년 전부터 관련 논의가 이루어졌

다. 2023년 12월 한국여성정책연구원에서 펴낸 연구보고서 〈젠더기반폭력으로서 친밀 관계 폭력의 개념화와 대응 방향 모색〉에는, 친밀한 관계에서 발생하는 젠더폭력의 개념·유형·특징이 상세히 분석된 해외 사례들이 나온다. 그 내용을 정리하면 다음과 같다.

젠더에 기반한 여성폭력은 1993년 유엔 총회에서 채택한 '여성폭력 철폐 선언'에서도 그 이론적 근거를 찾을 수 있다. 역사적으로 지속된 남성과 여성 간의 불평등한 권력관계, 그리고 성별 이분법이 내재된 사회구조 자체가 여성폭력의 지속 이유라는 내용이다. 세계보건기구(WHO), 유럽연합 기본권청(FRA), 미국 질병통제예방센터(CDC) 등에 따르면 전 세계적으로 15~49세 여성 약 31% 또는 15세 이상 여성 약 30%는 친밀한 남성 파트너 등으로부터 성적 피해를 경험한 것으로 나타났다.

해외에서는 일찌감치 여성폭력에 대한 심각성을 인지해 법과 제도로 처벌할 수 있도록 하고 있다. 미국은 1990년대부터 이에 대한 사회적 관심이 높아졌다. 10대 소녀들이 데이트 관계에 있는 남성 파트너로부터 통제와 학대, 물리적인 폭력, 스토킹, 나아가 살해까지 당했기 때문이다. 이후 '데이트와 관계 폭력'이라는 용어가 사용되기 시작했고, 연방법에서도 교제폭력을 정의했다.

미국 연방 법전 34편의 일부로 제정된 '여성에 대한 폭력Violence Against Women' 항목에 데이트폭력dating violence과 데이트 파트너dating partner의 개념이 규정되어 있다. 이에 따르면 데이트폭력은 "로맨틱하거나 친밀한 사회적 관계에 있거나 있었던 사람으로부터의 폭력"으로 정의된다. '친밀한 사회적 관계'의 존재 여부는 관계의 기간, 유형, 관계에 연루된 사람들 간 상호작용의 빈도를 고려해 결정된다.

이 밖에도 미국에서 규율하는 젠더 기반 폭력의 주요 유형으로는 가정폭력, 성폭력, 스토킹이 있다. 이들 각각의 범죄에서 '젠더 위계'가 주요한 권력관계로 작용한다는 것을 바탕으로 가해자를 처벌하고, 피해자를 보호하기 위한 법적 체계다.

가정폭력의 경우 "피해자의 과거 또는 현재의 배우자, 친밀한 파트너에 의해 저질러진 범죄 행위, 신체적 또는 성적 학대 시도, 피해자에 대한 권력과 통제를 획득하거나 유지하기 위한 강압적 행동 패턴들, 언어적·정서적·경제적·기술적 학대 행위" 등 포괄적인 피해를 모두 포함한다.

가해자 역시 굉장히 넓게 보고 처벌한다. "피해자의 전/현 배우자나 그와 유사한 입장에 있는 사람, 피해자와 동거하거나 동거한 적이 있는 배우자나 친밀한 파트너, 피해자와 공통의 자녀를 가진 사람, 가족" 등이 모두 포함된다.

영국도 비슷하다. 2021년 시행된 영국의 가정폭력법은 "개인적으로 연결된 16세 이상의 사람들 사이에서 발생하는 개인들 간의 폭력적 행동"까지 가정폭력으로 정의해 처벌하고 있다. 즉 '가정'을 가족구성원보다 훨씬 넓은 개념으로 다룬다는 것이 특징이다. 폭력적 행동에는 신체적·성적 폭력 외에도 통제적이거나 강압적인 행동, 경제적 폭력도 포함된다.

이 연구보고서를 쓴 김효정 연구위원은 "친밀한 관계를 정의하는 건 결코 어려운 일이 아니다. 국가의 의지가 중요한데, 젠더의 위계에 따라 발생하는 구조적 문제라는 인식부터 없으니까 논의가 되지 않는 것"이라고 말했다.

김 연구위원은 또 "젠더 기반 폭력을 정의할 때 중요한 건 딱 하나의 개념을 만드는 게 아니라, 그동안 피해자에 대한 비난과 차별로 숨겨졌던 다양한 맥락을 드러내는 것"이라고 설명했다. 그가 쓴 연구보고서에는 이를 보다 상세히 설명한 부분이 나온다.

"'친밀한 파트너 폭력'은 과거 또는 현재의 친밀한 파트너에 의해 발생한 폭력이라는 의미로 피해자와 가해자의 관계적 차원에 초점을 맞춘 개념이다. 어떤 관계를 '친밀한' 것으로 바라볼 수 있는가에 대한 국제적 수준의 합의된 보편적 정의가 존재하는 건 아니다. 일반적으로 제도화된 혼인 관계 속에 있지 않은 다양한 친밀한 관계를 폭력 피해 대상으로 포함할 때 사용된다. 중요한 것은 '친밀한 파트너 폭력'에 노출될 수 있는 모든 여성을 포함하는 것이 되어야 한다는 점이다."

3장

너무 많이 죽는데 위기감이 없어요

또 다른 가해자,
사법기관°

2023년 7월, 경기 구리시 한 오피스텔에서 20대 남성 A가 여자친구를 감금한 뒤 수차례 강간하고 폭행하는 사건이 벌어졌다. A는 바리캉으로 상대의 머리카락을 미는가 하면 얼굴에 소변을 누거나 침을 뱉는 가혹 행위까지 저질렀다.

피해자는 5일 만에 오피스텔에서 가까스로 탈출해 가족에게 도움을 청했고, 이 사건은 '바리캉 폭행 감금 사건'이라는 이름으로 대중에게 알려지며 큰 분노를 불러일으켰다. 사건 발생 이후 피해자 가족은 온라인 커뮤니티에 직접 글을 올려 억울하고 원통한 심경을 절절하게

° 만난 사람: 바리캉 폭행 감금 사건 이제 활동가

전했다. 가족이 쓴 글의 일부는 이렇다.

"저희 딸이 남자친구에게 폭행을 당한 후 바리캉으로 머리가 밀린 채 구조되었습니다. 엽기적이고 충격적인 범행을 저지르고도 가해자는 저희 딸이 원해서 한 짓이라며 무죄를 주장하고 있습니다. 대형 로펌에서 변호사 3명을 선임하여 무죄를 주장하고 있습니다. 그 변호사들은 공판 날에는 심각한 트라우마에 시달리는 딸에게 입에 담기도 힘든 질문들을 3시간 넘게 하고도 모자라 다음 공판에도 딸을 증인으로 신청하였습니다. 가해자가 저지른 범죄가 마땅히 엄벌에 처해질 수 있도록 탄원서에 서명을 간곡히 부탁드립니다.

(…)

어차피 우리 집은 돈 많고 너는 돈 없으니까 빵빵한 변호사 사서 길게 살아봐야 1~2년인데 내가 너 어떻게 안 하겠냐, 경찰이 오든 너희 부모가 오든 난 너 끝까지 따라가 죽일 거고 경찰이 너 보호 못 해줘, 라는 말을 비롯하여 차마 입에 담을 수도 없는 상스러운 말들로 딸을 모욕하고 협박하였습니다.

딸아이를 처음 발견했던 소방관의 이야기를 들었을 때는 하늘이 무너져 내렸습니다. 이렇게 공포감에 질린 경우는 처음 봤다는 구급대원님의 말이 부모로서 더 일찍 알아차리지 못한 죄책감이 들게 하였습니다. 190㎝가 넘는 가해자는 수십 차례의 폭행과 협박, 상상을 초월하는 엽기적인 행각을 딸에게 하였습니다. 차마 진술 당시 듣고 있기조차 힘들었는데, 딸은 그것을 모두 겪었다 생각하니 눈앞이 캄캄하였습니다. 살아 있지만 살아 있지 않는 상태로 지금을 버텨내고 있습니다.

자신이 죽었더라면 가해자가 더 큰 벌을 받았을 텐데라는 말들을 듣고 있는 부모의 심정을 글로 표현하기도 너무 어렵습니다. 가해자가 말했던 돈 많은 집의 가해자의 부모는 방송국 인터뷰에서 '이게 지금 사람을 죽인 사건도 아니고 도둑질도 아니고. 절대로 이게 기사에 날 만큼 흉악범은 아니라는 얘기예요'라고 인터뷰했습니다.

저희는 가해자가 말한 대로 정말 가해자가 1~2년 살다가 나와 저희 딸을 다시 찾아올까 봐 너무나 불안하고 살아갈 용기가 나지 않습니다. 자식을 먼저 떠나보내고 부모가 어떻게 살아갈 수 있겠습니까?"

이 같은 끔찍한 피해에 공감하며 가해자를 엄벌에 처하라고 요구한 탄원서는 1·2심 합쳐 2만 5000건이 넘는다.

'바람을 피웠느냐'는 질문이 필요한 과정이었나요?

여성단체 한국여성의전화의 이제 활동가는 피해자가 의료·법률 지원을 받을 수 있도록 옆에서 도왔다. 피해자에 대한 상담 지원을 하고, 재판 방청 연대와 대중 서명 운동 등을 진행했다. 이제 활동가에게 '바리캉 사건' 재판 과정에서 어떤 일이 있었는지, 교제폭력을 다루는 재판에서 어떤 모순적 상황이 벌어지는지 들어봤다.

그는 "피해자는 사건 후 1년이 훌쩍 흐른 지금까지 매일 20여 종의 약을 복용할 정도로 후유증이 크다. 정신과 치료와 심리 상담을 병행하며 회복에 집중하는 상황"이라면서 "감금 당시 피해도 문제지만, 이후 재판 과정에서 범행을 부인하는 가해자와 이를 두둔하는 변호사들의 행태가 피해자에게 큰 고통을 안겼다"고 설명했다.

A는 범행 직후 피해자 가족의 신고로 출동한 경찰에게 붙잡혔고 이후 구속됐다. 가해자가 재판에 넘겨졌는데도 피해자는 줄곧 괴로움에 시달렸다. A가 대형 로펌 소속의 전관 출신 변호사 3명을 선임해 무죄를 주장하고, 도리어 피해자를 공격했기 때문이다.

이제 활동가는 "가해자는 감금 당시에도 피해자를 협박하며 '나는 어떻게든 너에게 해를 가할 수 있다', '고소

해봤자 돈이 많아서 빠져나갈 수 있다'는 식으로 말했다" 며 "피해자가 극심한 두려움과 공포감을 호소한 이유도 결국 가해자가 큰 처벌 없이 풀려날 것 같았기 때문"이라고 설명했다.

A는 일부 폭행을 제외한 공소 사실 대부분을 부인했다. 이 때문에 피해자는 1심 때 증인신문에 출석하기 위해 이례적으로 두 번이나 법정을 찾았다.

이제 활동가는 "보통 피해를 당하면 그 사실을 떠올리는 것조차 힘들어하는 사람이 많다. 아무리 피고인과 분리된다 해도, 같은 법정 안에 있다는 것 자체가 2차 피해가 될 수 있다"며 다음과 같이 덧붙였다.

"그런데 연인 관계였다는 이유로 피고인 측 변호인은 사건과 상관없는 질문 수십 가지를 던지며 취조에 가까울 정도로 피해자를 몰아붙였어요."

1심 때 검찰 출신 전관 변호사인 피고인 측 변호인은 증인신문에서 "누구와 어떻게 성관계를 했느냐", "며칠부터 얼마 동안 했느냐" 등 감금·폭행 범죄와 관계없는 내용을 반복해서 물었다. "피고인은 결혼을 약속한 사이인데 여자친구가 바람을 피운 것으로 오해해 폭행을 저질렸다"는 식으로 피해자를 탓하는 발언을 하기도 했다. 피해자는 당시 극심한 정신적 충격을 견디지 못하고 법정에서 실신해 병원으로 이송됐다.

2심에서는 A 측 변호인이 서울고등법원 판사 출신 전관 변호사 등으로 바뀌었다. 여성단체 등을 포함해 사건의 심각성에 공감하고 분노한 시민들이 자발적인 '재판방청 연대'로 재판에 힘을 모으자, A 측 변호인 중 한 명은 "페미니즘 때문에 여성들이 뭉친 것이 아니냐. 재판부를 압박하고 있다"고 말하기도 했다.

이에 대해 피해자의 아버지는 2024년 7월 교제폭력 대책을 논의하는 여성의당 주최 토론회에 나와서 큰 분노를 드러냈다. 그는 "딸은 지금 손을 덜덜 떨어 숟가락질을 제대로 못 하고, 환청·환시 증상까지 겪고 있다. 내가 일부러 거실에서 자면서 딸이 괜찮은지 계속 살펴보는 상황"이라며 "피해자에게 '누구랑 잠자리를 했느냐', '바람을 피웠느냐' 같은 질문을 끝없이 던진 것이 과연 이 재판에서 필요한 과정이었는지 묻고 싶다"고 말했다.

이제 활동가는 "모든 재판 절차가 가해자 위주였고 재판부가 이를 그대로 진행시킨 것이 큰 잘못"이라고 말했다. 폭력 행위를 정당화하려는 방식으로 이루어진 증인신문 등을 재판부가 제지하지 않았다는 것이다.

"피고인 측 변호사의 질문 맥락이 가해자의 폭력을 조금이라도 정당화하려는 방향으로 이루어지고 있잖아요. 법원 안에서 사건을 바라보는 시각 자체가 가해자 중심이고, 피해자의 회복을 위해선 어떤 조치도 취해지지 않는 게 큰 한계입니다. 피해자의 성생활과, 감금당해서 겪은 폭행이나 강간 피해가 도대체 무슨 관계가 있나요? 재판부가 보기엔 가해자가 변론할 권리일 수 있겠지만, 그 과정에서 피해자는 다시 한 번 상처를 입게 되는 겁니다. 사건과 직접 관계없는 질의는 막았어야 하지 않을까요."

국제 기준과 동떨어진 수사·재판 과정

수사·재판 과정에서 여성폭력 피해자에 대해 차별적 낙인을 찍거나 2차 가해적 질문을 하는 것은 국제 기준과 크게 동떨어진 행태다. 유엔 여성차별철폐위원회(CE-DAW)는 2024년 6월 한국 정부에 이런 내용을 지적했다. 이 위원회는 여성 인권과 관련된 대표적인 국제조약인 '여성차별철폐협약'에 가입한 국가들을 대상으로 협약 이행 상황을 심의한다. 가입국은 4년마다 위원회에 협약 이행 현황을 담은 국가 보고서를 제출하고 심의를 받아야 한다. CEDAW는 2018년 이후 6년 만인 2024년 스위스 제네바에서 개최한 회의에서, 한국의 제9차 정기 보고서를 심의하여 최종 견해를 이렇게 밝혔다(밑줄은 저자가 강조한 부분).

여성에 대한 젠더 기반 폭력

26. 위원회는 당사국에서 성폭력을 포함한 여성과 소녀에 대한 젠더 기반 폭력이 만연하고 있음을 우려하고 있다. 위원회는 다음과 같은 점에 우려를 표한다.

(a) 현행 「형법」 제297조의 강간죄가 성립하기 위하여 '폭행 또는 협박'의 증거를 요구하고, 명시적으로 적극적인 동의의 부재를 근거로 하고 있지 않은 점;

(b) <u>「가정폭력범죄의 처벌 등에 관한 특례법」상의 가정폭력의 경우 형사처벌 면제를 허용하고, 법의 목적이 주로 가족 단위의 보존과 회복을 목적으로 하고 있다는 점</u>;

(c) <u>당사국 내 가정폭력의 지속성; 가정폭력과 부부강간에 있어서의 낮은 기소율, 유죄 판결률 및 관대한 형량; 피해자에 대한 낙인과 보복에 대한 두려움, 폭력적인 파트너에 대한 경제적 의존, 법률적 무지 및 법 집행기관에 대한 신뢰 부족으로 인하여 신고가 저조한 점</u>;

(d) 가정폭력 사건에서 보호 명령, 특히 접근금지 및 분리 명령의 효과적인 집행 및 모니터링에 대한 정보의 부족으로, 폭력 피해의 생존 여성이 재차 피해에 노출되어 있다는 점;

(e) 당사국 전역에서 폭력적인 관계에서 벗어나길 원하는 여성들을 위한 적절한 피해자 지원 서비스가 부족하다는 점;

(f) 위원회는 사이버 스토킹, 괴롭힘, 신상 털기, 동의 없이 내밀한 이미지를 공유하는 행위, AI로 생성된 성적으로 노골적인 미디어, 딥페이크 비디오, 합성 미디어 및 사이버 포르노 등 여성의 신체를 상품화 및 대상화하는, 새로운 디지털 기술을 활용한 온라인 젠더 기반 폭력이 증가하고 있는 점을 우려한다. 이에 더하여 위원회는 현행 법령이 기존의 모든 형태의, 그리고 급격하게 변화하는, 또는 예측하기 어려운 수준의 디지털 폭력과 학대를 완전히 포괄하지 못함으로써, 낮은 기소율과 피해자 보호의 공백, 또한 사회적 낙인과 피해자 비난 및 보복에 대한 두려움으로 인하여 온라인 공간에서의 성적 괴롭힘 및 학대에 대한 신고율 저하를 불러일으키고 있는 점에 우려를 표한다.

27. 위원회는 (…) 당사국이 협약에 부합하는, 성평등한 새로운 국가 내러티브를 만들 것을 권고하며, 나아가 당사국에게 다음을 권고한다.

(a) 국제인권기준에 따라, 부부강간을 포함한 모든 강압적 상황을 고려하여 합의에 기반하지 않는 모든 성적 행위를 포괄하는, 적극적이고 자유롭고 자발적인 동의의 결여를 기반으로 강간을 정의하도록 형법을 개정할 것;

(b) 「가정폭력범죄의 처벌 등에 관한 특례법」을 개정하여 피해자와 그 가족의 안전을 보장하고, 가정 보호 사건에서 가해자에 대한 상담 조건부 기소유예 관행을 폐지하며, 화해와 조정보다는 기소가 우선시되도록 할 것;

(c) 여성과 소녀에 대한 젠더 기반 폭력의 범죄성에 대한 인식을 높이고 사회적 정당화에 도전하며 피해자에 대한 낙인을 찍지 않기 위한 미디어 캠페인을 실시하고, 젠더 기반 폭력에 대한 신고로 인한 보복으로부터 여성을 보호하며, 법원이 피해자의 의료기록 또는 성생활 이력을 재판의 증거로 사용하는 것을 금지하여, 가정 내 여성과 소녀에 대한 폭력에 대하여 신고하도록 장려할 것;

(d) 성폭력을 포함한 여성에 대한 젠더 기반 폭력이 효과적으로 수사 및 기소되고 가해자가 적절히 처벌되며 보호명령이 효과적으로 집행 및 모니터링되고 미준수 시 적절한 제재가 이루어질 수 있도록 판사, 검사, 경찰관 및 기타 법 집행 공무원을 대상으로 의무적이고 지속적인 역량 강화 교육을 실시할 것;

1984년 12월 여성차별철폐협약에 가입한 한국은 이 권고를 따를 의무가 있다. 하지만 정부와 국회는 이후 어떠한 구체적인 협약 이행 계획을 밝히거나 시행하지 않았다.

CEDAW가 지적했듯, 현재 한국에선 법 집행기관에 대한 불신이나 사회적으로 낮은 인식 때문에 친밀한 관계에서 이루어지는 범죄는 애초 신고나 고소 단계부터 막힌다. 피해자가 용기를 내서 법정까지 오는 일이 드물다는 뜻이다. 이제 활동가는 "재판까지 어렵게 와도 가해자가 구속되거나 실형을 선고받는 비율은 극히 낮고, 피해자 보호 조치도 이루어지지 않는 게 현실"이라고 말했다.

2023년 한국여성정책연구원이 펴낸 〈젠더기반폭력으로서 친밀 관계 폭력의 개념화와 대응 방향 모색〉을 보면 2022년 '교제폭력'으로 집계된 112 신고 건수 총계는 7만 790건이었다. 살인은 아예 포함되지 않았고, 중복·오인 신고를 빼도 5만 7604건이다.

그런데 검거 인원을 보면 1만 2828명에 그친다. 경찰 신고 후 현장에서 검거됐거나 피해자의 고소를 거쳐 붙잡힌 사람을 모두 포함한 수치다. 구속 비율은 그보다 훨씬 적어 겨우 1.8%(226명)였다. 2022년 검거 인원은 2017년 이후 가장 많았는데도 구속된 가해자는 가장 적었다.

친밀한 관계 내 범죄가 벌어지면 사람들은 보통 어떤

전조가 있었는지 묻는다. 이 질문의 기저엔 가해자의 위험성을 사전에 알아채고 피해자가 '올바른 대처'를 했어야 한다는 시선이 녹아 있다. 피해자가 어느 정도 폭력의 빌미를 제공했을 거라는 의심도 깔려 있다. 무의식중에 피해자를 탓하는 잘못된 인식은 도움이 필요한 상황에서도 피해자가 나서기 어렵게 한다.

교제폭력 피해자 대다수가 여성인데도, 최근 경찰에 집계된 여성 피해자 비율이 감소하는 반면 남성과 쌍방 피해가 차지하는 비율이 높아진 것이 이런 현실을 잘 보여준다. 경찰청에 따르면 2017년 교제폭력 피해자는 총 1만 1737명이었는데 그중 여성이 74.2%(8703명)를 차지했다. 남성은 8.3%(977명), 쌍방은 17.5%(2057명)였다. 여성 피

그림4 2017~2022년 교제폭력 피해자 성별 비율
(단위: 퍼센트, 자료: 경찰청)

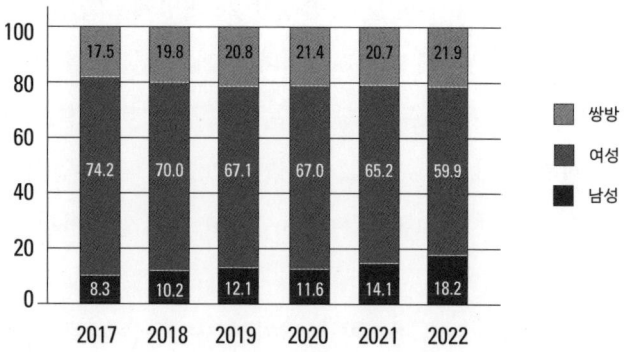

해자 비율은 2018년 70.0%, 2019년 67.1%로 떨어지다가 2022년엔 59.9%로 대폭 줄었다. 대신 남성 피해자와 쌍방 피해로 집계된 비율이 각각 18.2%, 21.9%로 늘어났다. 젠더 위계에 따른 범죄라는 맥락을 고려하지 않고 양시양비론적으로 접근한 결과다.

   이 범죄를 개인적이고 사소한 것 또는 연인 간 시비로 여기는 통념은 재판 과정에서도 이어진다. 피해 당사자와 조력자들은 입을 모아 "내 아픔이 명확한데도 가해자를 처벌하는 과정이 이렇게 길고 어려울 줄 몰랐다"고 말한다.

내가 겪은 일인데도 재판 과정을 알 수 없다

이는 근본적으로 피해자가 형사 사법 절차의 당사자가 아니라는 한계 때문이다. 피해자는 목소리를 낼 수 있는 기회가 극히 적고 재판 과정에 대한 정보도 크게 부족하다. 피고인 측이나 검찰이 증거를 추가로 제출하면 피해자도 이에 대한 의견서나 탄원서를 내는데, 열람·등사 작업부터 더디다. 이제 활동가는 "피해자들은 당연히 이 사건이 '내 사건'이라고 받아들이는데, 정보력은 물론 의견을 낼 창구도 현저히 적은 게 현실"이라며 다음과 같이 강조했다.

"검찰 측이든 피고인 측이든 증거를 제출하면 피해자도 여기에 대한 의견을 낼 수 있어야 하잖아요. 그 증거가 누구의 입장에서 어떻게 쓰인 것이라는 내용을 담아서요. 그런데 사건 관련 열람·등사를 신청하면 피고인 측은 본인의 변론 권리 때문에 바로 나오는데, 피해자에겐 바로 안 나오는 경우가 많아요. 피해자는 자신이 겪은 일에 대한 재판인데도 어떻게 진행되는지 빠르게 확인할 수가 없는 거죠. 재판 과정에서 계속 불리하다고 느낄 수밖에 없습니다."

피해자가 합의나 공탁을 받아들이지 않아도 피고인이 재판부에 '금전을 통한 피해 복구 의지'를 전달하면 형량에 영향을 미칠 수 있다는 것도 큰 문제다. A는 1심 당시 선고를 이틀 앞두고 1억 5000만 원을 기습 공탁했다. 피해자와 그 가족이 계속 거부했는데도 이를 받아들이지 않고 거액을 공탁해 감형받으려 한 것이다. 이에 대해 이제 활동가는 "수차례 거부 의사를 표시한 피해자에겐 대응할 시간조차 주지 않고 끝까지 고통을 줬다"고 말했다.

강간과 폭행치상, 감금치상 등의 혐의로 재판에 넘겨진 A는 2024년 1월 30일 의정부지방법원 남양주지원에서 열린 1심 선고에서 징역 7년에 성폭력 치료 프로그램 80시간 이수 처분을 받았다. 선고 이후 피해자는 한국여성의전화를 통해 이런 말을 전했다.

"피해자에게 만족스러운 형량이란 존재하지 않습니다. 저는 지금으로서는 제가 언제 회복이 될지 알 수 없습니다. 또 가해자는 저와 관련해서, 그리고 제 가족과 관련해서 많은 협박을 했습니다. 재판 중에 절대 저에게 그리고 가족에게 접근하지 않겠다고 했지만, 그걸 누가 보장해줄 수 있나요?"

피해자에게 법률 지원을 한 변호사들 역시 입장문을 내고, 앞서 검사가 구형한 징역 10년에 못 미치는 판결이라고 지적했다. 이들은 양형에 대해 "피고인이 명백한 물증이 남아 있는 범죄에 대해서만 인정한 것이 가해자의 반성 혹은 범죄에 대한 인정이라고 보기 어렵다"며 "피해자가 합의 의사가 없다는 걸 알면서 공탁한 것은 오히려 추가적 고통을 끼친 것으로 불리한 양형으로 고려되었어야 한다"고 강조했다. 이들이 밝힌 내용은 이렇다.

재판부는 판결문에서 피고인이 초범인 점, 공소 사실을 일부 인정한 점 등을 양형에 고려했다고 밝혔고, 피고인 측이 불과 판결 선고 이틀 전 피해자의 의사에 반하여 금전을 공탁한, 일명 기습 공탁에 대해서도 피해자의 수령 거부 의사와 더불어 양형에 고려하였다고 언급하였습니다.

다행히 이 사건 재판부는 이 사건의 발생 경위와 피해자의 일관된 진술 등 증거들을 종합하였을 때 피해자가 피고인으로부터 폭행, 촬영물을 이용한 협박 등 피해를 입었고 그로 인해 외포된 상태에서 강간, 감금 등의 피해까지 입었다는 사실을 전부 인정하였습니다.

그러나 재판부는 피고인이 자신의 범행을 인정하지 않으며 증인신문 과정에서 피해자의 성적 이력까지 문제 삼는 등의 2차 가해를 하였다는 점, 피고인은 자신의 형량을 감경하기 위해 선고 직전 피해자의 의사에 반한 기습 공탁을 하여 피해자에게 마지막 순간까지 고통을 준 점 등을 고려하면 마땅히 피고인을 중형에 처했어야 함에도 그에 미치지 못하는 형을 선고하였는바, 결국 국민의 정의 관념에 반하는 판결을 선고하고 만 것입니다.

이 사건은 매우 잔혹하고 중대한 범죄였으며, 또한 이 사건에는 대법원 양형위원회가 양형의 가중 요소로 삼고 있는 다수의 사정이 존재하였습니다. 피고인은 이 사건 범행으로 피해자에게 돌이킬 수 없는 큰 정신적 고통을 주었음에도, 형사재판에 이르러서까지 자신의 잘못을 반성하지 않고 피해자를 증인으로 법정에 소환하여 피해자에 대한 2차 가해를 지속하였습니다. 피해자와 가족들은 이러한 피고인을 저지른 범죄에

> 합당히 처벌해달라고 지속적으로 탄원하였는데, 피고인은 피해자의 명시적 의사에 반하여 자신의 감형을 목적으로 한 기습 공탁을 자행하였는바 이는 피해자의 피해 회복을 위해 노력한 것이 아니라, 오히려 피해자에게 추가적인 고통을 준 것이었습니다.
>
> 그렇다면 피고인에게는 마땅히 공판 검사의 구형과 같은 형이 선고되었어야 하나, 재판부는 피고인이 초범이라는 등의 사유를 들어 그 형을 감경하여 판결을 선고하였는바 이로써 이와 같은 성폭력(데이트폭력) 사건의 심각성이 폄훼·오인되는 결과를 낳게 될 것이 우려됩니다.

현재 국내에는 친밀한 관계에서 벌어지는 폭력에 대해 따로 처벌할 법적 근거도, 양형 기준도 없다. 이에 따라 연인 관계에서 지속적으로 이루어진 폭력 행위와 강요, 협박, 살인 등에 대해 더 엄중히 다루기는커녕 일반 폭력과 동일하게 다뤄진다. 처벌 기준이 명확하지 않으니 재판부에 따라 선고 결과가 복불복으로 나오고, 초범이라는 이유로 오히려 감형되는 사례도 많다.

A는 2024년 7월 30일 서울고등법원에서 열린 항소심 선고 공판에서 징역 3년으로 대폭 감형됐다. 상당한 금액을 국가에 공탁한 것, 피해자 측이 합의 후 처벌을 원하지 않고 있다는 점이 영향을 미쳤다. 그는 항소심 선고를 앞

두고 5개월간 재판부에 무려 88번에 걸쳐 반성문을 제출했다. '반성문', '사과문', '장기기증서약서', '재범방지서약서', '봉사활동계획서', '출소계획서' 등 종류도 다양했다.

이제 활동가는 이에 대해 큰 안타까움을 드러냈다.

"A가 제출한 반성문이나 사과문 등을 보면 내용에 큰 차이가 없는데도, 일단 꾸준히 많이 제출한 것 자체가 감형사유로 참작된 거예요. 실제로 이때까지 많은 사건에서 반성문이 양형에 영향을 미치기도 했고요. 하지만 이 사건에서도 정작 피해자에 대한 진심 어린 사과는 없었습니다. 법정에서 판사만 볼 수 있는 반성문이 피해자의 피해 회복에 어떤 역할을 할 수 있나요? 교제폭력은 법의 테두리 안에 들어오는 것부터 어려운 범죄입니다. 사건이 벌어진 뒤 피해자에게 남는 선택지가 별로 없어요. 어렵게 재판까지 오더라도 가해자가 제대로 처벌받지 않는다면 피해자에게 남는 건 뭘까요. 재판부에서 친밀한 관계에서 벌어지는 폭력의 특수성과 심각성에 집중해야 합니다."

기울어진 법정

이런 상황에서 피해자들은 재판부 정보를 개별로 공유하며 재판에 대응하게 된다. 이제 활동가는 "피해 지원 변호사들과 만나면 자연히 '사건이 어디 배당됐나', '그 재판부는 어떻다던데' 같은 정보를 공유한다. 워낙 형량이 들쭉날쭉하기 때문"이라고 했다.

> "피해자를 지원할 때마다 이번 재판부는 어떤지 처음 공판에 가서 분위기를 파악하고, 정보를 공유하고 이러는 것 자체가 불필요한 일이고 말도 안 되는 일이잖아요. 재판부가 사건을 볼 때 성인지 감수성에 따라 판단하는 건 너무나 기본적인데, 현실은 그렇지 않은 데서 오는 괴리감이 커요. 피해자는 '이건 명백한 폭력'이라고 인지하고, 막연히 '법원에 가면 잘되겠지'라고 생각하는데 그 생각이 재판 과정에서 산산이 깨어지게 되는 것이죠. 피해자가 느끼기에 억울하고 불합리한 선고가 언론을 통해 보도되는 것만 해도 너무 많잖아요. 그러니까 피해를 입어도 아예 경찰엔 신고하지 않고, 재판까지 가는 걸 꺼리는 경우도 많습니다."

교제폭력 피해 사건을 수차례 변론한, 민주사회를위한변호사모임 소속 안지희 변호사는 비슷한 사건이어도 재판부에 따라 결정이 달라지는 게 피해자에게 큰 부담과 무력감을 안긴다고 말했다. 지금은 교제폭력 사건에서 성폭력이나 스토킹이 범죄 혐의에 포함되면 국선 변호사의 조력을 받을 수 있지만, 일반폭행으로 다루면 이러한 지원을 받을 수 없다. 처음부터 법 지식의 격차가 벌어지는 것이다.

안 변호사는 "사건 피해 당사자와 수사기관 측의 정보 격차가 너무 크기 때문에 법적 조력을 얻는 게 제일 중요하다는 생각이 든다"고 말했다.

"친밀한 사이에서 벌어진 범죄라도 성폭력이 없었다면 '여성폭력'의 범주에 들지 않아서 변호사 조력이나 피해자 보호가 처음부터 이루어지지 않아요. 여성가족부에서 제공하는 여성긴급전화 1366 같은 거라도 신청하면 어떤 도움을 받을 수도 있겠지만, 일반 피해자들은 잘 모르는 경우가 대부분이거든요. 수사기관에 가보면 변호사가 있는 피해자와 없는 피해자는 당연히 정보력에서 차이가 날 수밖에 없습니다. 이런 상황에서 재판에 넘겨지면 또 다른 난관이 기다리는 거죠. 비슷한 성폭력 사건이라도, 어떤 재판부는 피해자 측도 공판 기록을 열람할 수 있게 하지만 어떤 재판부는 그러지 않아요. 일반상해나 폭행, 살인미수 재판에서는 차이가 더 커져요."

안 변호사는 현행 법체계가 친밀한 관계의 범죄를 제대로 처벌하기에 역부족이라고 지적했다.

현재 스토킹처벌법에 따르면 스토킹 행위란 상대방의 의사에 반하여 정당한 이유 없이 다음 행위를 해서 상대방에게 불안감 또는 공포심을 일으키는 것을 말한다. 이 행위에는 상대방이나 가족에게 접근하거나 따라다니는 행위, 상대방의 주거지·직장 등에서 기다리거나 지켜보는 행위, 상대방에게 우편·전화 등을 이용해 글·말·물건 등을 도달하게 하는 행위 등이 포함된다.

안 변호사는 "스토킹 행위에 해당하는 게 있었다 해도, '피해자의 의사에 반하여'라는 구성 요건을 갖추기가 쉽지 않다"며 "현행법이 교제 관계에서 벌어지는 범죄의 특성을 반영하지 못하는 것 같다"고 했다.

"연인 관계에선 내가 상대방에게 '연락하거나 찾아오지 말라'고 했어도, 그 후에 전화나 문자 등을 받아 만나게 되는 경우가 많아요. 처음부터 연락을 딱 끊었다가는 더 큰 일을 당할 것 같아서 어쩔 수 없이 만나주는 상황이 반복됩니다. 그게 교제폭력 피해자의 심리이자 상황입니다. 그런데 이런 정황에 대해 경찰은 입건이 어렵다고 말하거든요. 어쨌든 상대방 연락을 받았으니까요. 스토킹 범죄에서는 '지속성·반복성'이 중요한데, 한번 연락을 받게 되면 이전에 있었던 행위는 모두 '리셋'되는 현실이 답답합니다. 어쩌면 정말 큰 피해가 벌어질 때까지 기다릴 수밖에 없는 거예요."

문제를 해결하는
국가가 되기 위해°

교제폭력, 교제살인 사건이 잊을 만하면 크게 보도되지만 여전히 국내에선 정확한 규모조차 파악되지 않고 있다. 2023년 경찰은 친밀한 관계에서의 폭력 범죄가 살인으로 이어진 사건 규모를 처음으로 집계했다. 2023년 발생한 살인(미수 포함) 사건의 피의자는 778명이다. 이 중 192명(24.6%)이 전/현 배우자·애인, 사실혼 배우자를 상대로 범행을 저질렀다. 피해자가 사망한 살인 사건 피의자는 289명으로 그중 83명(28.7%)이 배우자·친밀한 파트너를 살해했다. 이들에게 목숨을 잃은 피해자 중에는 배우

° 만난 사람: 한국여성정책연구원 김효정 부연구위원, 한국여성의전화 최선혜 사무처장

그림5 2023년 전체 살인사건 피의자 중 전/현 배우자·애인 및 사실혼 배우자를 상대로 범행을 저지른 비율
(단위: 퍼센트, 자료: 경찰청)

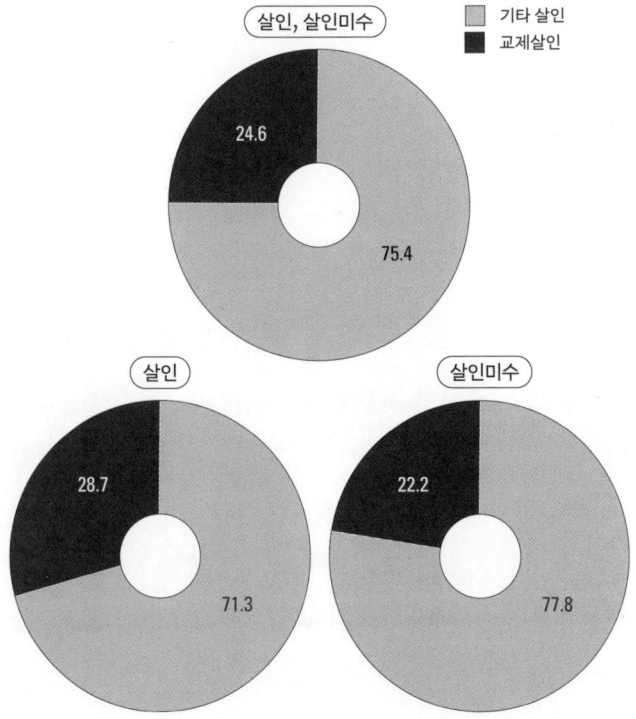

자가 43명으로 가장 많았다. 다음으로 교제살인에 의해 애인, 전 애인이 각각 25명, 4명 사망했다. 살인미수 피의자 489명 중 109명(22.2%)도 배우자(45명), 애인(23명), 전 애인(19명), 사실혼 관계(17명), 전 배우자(5명)를 죽음의 위기로 몰아넣었다.

경찰이 피/가해자 관계를 분류해 '친밀한 관계'에 의한 살인 규모를 파악한 건 처음이다. 하지만 여전히 이 숫자로는 친밀한 관계에 의해 죽거나 죽을 위험에 처한 여성이 얼마나 되는지는 파악할 수 없다. 성별 구분 통계를 발표하지 않고 있기 때문이다. 김효정 한국여성정책연구원 부연구위원은 "다수의 살인 사건 피해자는 남성인데, 살인 사건 가해자의 범위를 친밀한 파트너로 좁히면 80% 이상의 피해자가 여성이기에 이를 '젠더화된 범죄'라고 인정하는 것에서부터 시작해야 한다"고 말했다. 최선혜 한국여성의전화 사무처장은 "2021년 경찰은 '범죄 통계 시스템 고도화 사업을 통해 여성 대상 폭력 통계를 개선해 여성 피해자 규모를 정확히 파악하겠다'고 했으나 가장 중요한 성별 구분은 뺀 반쪽짜리 통계만 내놓은 셈"이라고 말했다. 오랫동안 〈분노의 게이지〉 통계 작업을 해온 한국여성의전화 최 처장과 젠더폭력 연구자 김 위원을 인터뷰해 경찰 통계의 의미와 교제폭력 문제를 어떻게 해결해야 하는지에 대해 들어보았다.

목적성 있는 공식 통계의 필요성

Q. 2023년 경찰이 집계한 통계의 의미를 어떻게 보나.

김효정 선행 피해를 체크한다는 것은 추가 노력이 들어가는 일이기 때문에 경찰에서 노력했다는 걸 느낄 수 있었다. 그런데 들인 품에 비해 결과가 너무 빈약해 아쉽다. 기본적으로 성별 통계가 안 되어 있고, 한 사람이 여러 번의 피해를 입은 경우 그걸 한 번의 피해로 센 것인지, 피해마다 체크한 것인지 근본 내용이 없다.

최선혜 경찰 내부에서 정확한 목적성을 가지고 이 통계를 냈는지 잘 모르겠다. 사실 여성이 범죄로 사망에 이르게 된 경우를 전수조사하기는 어렵지 않다. 목적이 있으면 그에 따른 결과가 나올 것이다. 선행 범죄의 경우도 신고된 이력인지, 검거된 이력인지, 판결을 받은 건지 알 수가 없다. 살인 사건 중 선행 사건이 가정폭력, 스토킹, 교제폭력, 성폭력인 경우가 19% 정도라는 것인데 이게 많은 건지 적은 건지도 사실 잘 모르겠다. 가정폭력의 경우 신고한 후 현장에서 종결되는 케이스가 압도적으로 많은데, 그런 케이스들은 제외한 건지 궁금하다. 그래서 이 통계에 대해 평가하기가 어렵다.

경찰은 사람이 죽었을 경우 어느 단계에서 놓쳤는지,

어떤 지점을 포착하지 못했는지, 어떤 관계에서 어떤 식으로 범죄가 일어나는지 파악해야겠다는 목적이 있어야 한다. 신고는 어떤 건으로 들어왔고 현장 종결됐다면 왜 됐는지, 어떤 부분을 놓쳤는지 처음부터 끝까지 추적해야 한다. 그를 통해 현재 수사 단계에서 무슨 문제가 있는지, 법적·제도적으로 한계가 있는지 인식하면서 통계를 내야 한다.

Q. 한국여성의전화는 2009년부터 언론에 보도된 사건을 기준으로 직접 피해를 분석해 15년째 〈분노의 게이지〉 보고서를 발표하고 있다. 이에 따르면 2023년 친밀한 남성에게 살해된 여성이 최소 138명, 위협을 겪은 여성은 최소 311명이었다. 이 통계와 비교해보면 경찰 집계 수치가 너무 적다고 느껴진다.

김효정 〈분노의 게이지〉는 보도된 살인 사건들을 바탕으로 한 땀 한 땀 작업한 결과다. 국가기관이 할 일을 민간단체에서 하고 있는 셈이다. 언론에 보도되지 않은 사건들은 빠지게 되니, 그 보고서에 나오는 수치는 과소적으로 추정된 것일 수밖에 없다. 2023년 살인기수 범죄 278건, 살인미수 등 범죄 492건으로 총 770건의 살인 범죄가 발생했다. 국가가 의지를 가지면 충분히 전수조사가 가능하다. 다수의 살인 사건 피해자는 남성인데, 살인 사건 가해자의 범위를 친밀한 파트너로 좁히면 80% 이상의 피해자가 여성이기에 이를 '젠더화된 범죄'라고 인정하는 것에서부터 시작해야 한다.

Q. 김 위원은 2022년 여성폭력 통계 집계 작업에도 참여했다. 이 통계는 여성가족부, 법무부, 대검찰청 등에서 산발적으로 집계하던 통계를 모두 종합했다는 의미가 있다.

김효정 젠더 기반 폭력의 예방과 대응을 이야기할 때 가장 기초적으로 구축되어야 하는 게 통계다. 어떤 문제를 해결하기 위해선 실태와 현황에 대한 파악부터 시작해야 하기 때문이다. 유엔과 국제기구에서도 그 중요성을 이야기하며 기본적으로 성별 통계를 내야 한다고 말한다.

2022년 여성폭력 통계는 흩어져 있던 통계를 발생 피해 현황, 피해자 보호 지원 등으로 묶어서 집대성한 점에서 의미가 있다. 문제는 다음 단계 논의가 안 되고 있다는 점이다. 예를 들어 피해자 보호 지원 관련해서 성폭력 피해자·가정폭력 피해자 등에게는 주거 지원 제도가 있는데, 그런 젠더 기반 폭력 피해자 주거 지원이 얼마나 되고 있는지에 대해선 정확한 통계가 없다. 그럼 이제는 관련 통계 생산을 하자는 다음 단계로 넘어가야 한다. 어떤 통계는 생산은 되는데 성별 분리가 안 되어 있어 의미가 적을 수 있다. 그럼 성별 분리 통계를 내자는 식으로 가야 한다.

젠더 기반 폭력이라는 관점의 부재

Q. 친밀한 관계 내 폭력이 다른 범죄에 비해 덜 중요하게 다뤄진다는 비판이 있다.

최선혜 너무 많이 죽는데 위기감이 없다. 호주는 2024년 1~4월 여성 사망자 수가 28명으로 집계되자 작년 대비 2배라고 해서 대대적으로 가정폭력 사범 550여 명을 체포했다. 우리 인구와 비교했을 때 사망한 여성 비율이 비슷하다. 한국 사회는 여성단체들이 10년 넘게 여성들이 죽어가고 있다고, 이틀에 한 명 죽는다고 발표해도 중요하게 보질 않는다.

김효정 아이가 학교에 안 나온다고 하면 교육부에서 바로 전수조사를 하지 않나. 지난해(2024년) 여름 연이어 무차별 범죄가 벌어졌을 때는 경찰이 탱크도 동원했다. 그런데 여성이 이렇게 많이 죽고 계속 문제 제기도 있는

데, 이렇게까지 안 움직일 수가 있나 싶다.

Q. 이 문제를 젠더 기반 폭력이라는 구조적 문제로 보는 게 중요하다고 했다.

최선혜 우리 사회가 친밀한 관계에서의 폭력을 구조적인 문제로 보기를 싫어한다는 느낌이 든다. 어떤 교제 폭력 사건이 나와도 가해자를 특별히 이상한 사람, 문제 있는 사람으로 취급하면서 '그런데도 피해자가 공권력에 도움을 요청하지 않았다'는 식으로 처리하는 것을 보면 말이다. '또 남자가 죽였어'라고만 하면 개인에 대한 비난, 개인이 악마화되는 것으로 끝난다. 구조적인 문제로 이야기해야 성별 대결로 가지 않게 된다.

김효정 이것이 '젠더 기반 폭력'이라는 합의가 있으면 중간에 부침이 있어도 계속 그쪽으로 갈 수 있다. 그런데 한국 사회는 받아들이지 않는다. 사회구조적인 젠더 불평등이 존재하지 않는다고 선언하는 것부터가 근본적으로 받아들이지 않겠다는 거다. 그럼 문제는 개인화되고 파편화되고 가해자의 악마화 문제가 되어버린다. 그러지 않기 위해 전 세계가 여성폭력 철폐 선언 등을 하고 있다.

한국은 제도는 다 갖춰져 있다. 해외에서 성범죄 대

응 제도를 배우러 올 정도로 잘되어 있다. 문제는 '관점'이다. 부처별로 대응 계획은 매우 많은데, 사실 살펴보면 국가적으로 젠더 관점이 없는 데다 사회구조적 문제로 바라보고 있지 않다. 젠더 기반 폭력이라는 합의가 없으니 역고소 등에 대한 공포가 있는 거다. 여성가족부는 있는데 남성가족부는 왜 없느냐는 말도 안 되는 질문이 아직 나오는 것도 마찬가지 이유다.

이런 '관점 부재'에 더해 여가부의 위치가 너무 애매해진 것의 영향도 크다. 2024년 6월 말 교제폭력 관련 대책을 마련할 때도 여가부가 '없는 살림에 갖고 나올 수 있는 젓가락을 다 갖고 나왔다'는 생각을 했다. 할 수 있는 건 다 내놓았지만 사실 할 수 있는 권한은 없었다. 법무부가 여가부 말을 들을 리가 없고, 여가부 내부적으로도 철학이 부족한 상황이다.

Q. 수사기관에서 범죄를 바라보는 시각이 중요해 보인다.

최선혜 수사기관은 일반 국민보다는 인식 수준이 높아야 한다. 가장 큰 문제는 피해자보다 인식 수준이 낮을 때다. 수사기관이 피해자에게 '네가 그때 의사를 명확하게 밝혔어야 한다'라고 하면, 법적 지식이 부족할 수 있는 일반인은 자기 상황이 얼마나 위험한지 판단하기 어렵게 된다. 수사관들이 많은 경험을 가지고 있으니 '너 지금 무척 위험하고 지원이 필요한 상황'이라고 피해자를 설득할 수 있어야 한다.

일반 범죄자들과 동등하게라도 처벌하라

Q.　　　가정폭력, 교제폭력 등 친밀한 관계에서 범죄가 일어났을 때 가해자를 가중처벌해달라는 이야기가 나온다.

김효정　　거제 사건은 만약 묻혔다면 상해치사가 됐을 거다. 살인 사건으로 안 잡혔을 것이란 뜻이다. 가중처벌 얘기가 나오지만, '모르는 사람들끼리 벌어진 사건'만큼만이라도 처벌해줘야 한다. 가정폭력의 경우 가정 보호 사건으로 처리되면 전과도 안 남는다. 피고인을 상담하는 조건으로 기소유예해주고 피해자가 처벌 불원한다면 다 들어주는데, 이렇게 처리되는 범죄는 친밀한 관계에서 발생하는 폭력밖에 없다.

　가정폭력처벌법 목적 조항에서 '가정 보호'보다 '피해자 보호와 안전'을 가장 우선시해야 한다. 그런데 그것부터 안 된다. 젠더 기반 폭력을 대하는 제1의 원칙은 피해자의 인권과 안전이어야 하지만, 밀양 성폭력 사건만 봐도 그렇지 않음이 단적으로 드러난다. 피해자의 피해는 전시되고 다들 정의감에 불타서 2차 피해를 가하는데, 피해자의 의사는 아무도 들어주지 않는다.

Q. 교제폭력 관련 입법을 어떻게 해야 하는지 의견이 각기 다르다.

최선혜 가정폭력처벌법에서 대상자만 확대하는 것이 가장 편하다 보니 그런 방식의 개정안이 논의되고 있다. 그러나 현재 가정폭력처벌법이 제대로 작동하지 않는 부분이 먼저 개선되어야 한다. 또 법들이 너무 쪼개져 있다. 가정폭력처벌법, 스토킹처벌법 등으로 나뉘어져 있으니 현장 경찰들은 응급조치 등을 판단할 때도 중복되는 것이 많아 혼란스러울 수 있다. 친밀성 때문에 처벌이 잘 안 되는 문제와 친밀한 관계이기 때문에 수사와 재판 과정에서 피해자 보호 조치를 해야 하는 부분을 통합적으로 고민해야 한다. 그 틀에서 교제폭력을 어떻게 법적으로 규정할지 생각해봐야 한다.

김효정 '가정을 보호해야 한다'는 인식이 생각보다 너무 강해서 어려움이 있지만, 가정폭력처벌법 목적 조항을 전면 개정할 필요가 있다. 그런데 그를 위해선 시간이 필요하고, 교제폭력 대응은 우선 급하니까 교제폭력을 법 안에서 규율하도록 하고 처벌 불원 조항을 없애는 논의를 하면 된다. 다른 한쪽에서 전면 개정 논의를 겸하면서 말이다. 여러 방법이 가능한데, 지금 거기까지 건드리는 걸 굉장히 조심스러워하는 것 같다.

Q. 'A는 사귄다고 하는데 B는 아니라고 할 수 있다'며 교제 관계를 법적으로 정의할 수 없다는 얘기를 계속 한다.

김효정 교제 관계를 정의할 수 없다는 주장은 정말 문제다. 사적인 문제고 내심의 영역이라 어렵다는 거다. 그런데 해외 국가들은 교제 관계를 정의하고 있다. 영국은 친밀한 관계를 맺은 사람, 미국 연방법은 친밀하거나 로맨틱한 관계 등으로 정의한다. 관계와 상호작용의 빈도, 주변 사람이 얼마나 아는지, 서로 얼마나 헌신했는지 등을 종합적으로 보는 거다. 또 전/현 교제 관계뿐 아니라 '교제 등 친밀성의 형성을 목적으로 하는 과정에 있는 관계', '일방적인 친밀한 관계의 형성을 요구하는 관계' 등 다양한 친밀한 관계의 맥락이 고려되어야 할 필요가 있다. 사실 국내에서도 법이 내심의 영역을 판단한다. 의도를 갖고 죽이면 살인이고, 의도가 없었는데 사람이 죽으면 상해치사로 판단하는 것이 바로 그런 경우 아닌가.

그리고 교제 관계 정의와 관련해, 전/현 교제 관계뿐만 아니라 '교제 등 친밀성의 형성을 목적으로 하는 과정에 있는 관계', '일방적인 친밀한 관계의 형성을 요구하는 관계' 등 다양한 친밀한 관계의 맥락이 고려되어야 한다는 점도 어딘가에 추가되면 좋을 것 같다.

사실 법이 가정의 문턱을 넘지 못한다는 전근대적 인식이 아직도 저변에 존재하는 거다. 왜 교제 관계 정의가 어렵냐면, 형사 사법기관이 편의를 따르고 있어서다. 피해자 관점으로 보지 않아서다. 권력을 가진 사람들이 판단하는 편리한 방식으로 가다 보니 법률혼 아니면 사실혼이라는 구분을 넘지 못하는 거다.

최선혜 해외에서는 법적으로 혼인 관계가 아닌 데이트, 단순 동거 등의 교제 관계가 가정폭력법 대상에 대부분 들어간다. 반면 한국의 경우 법률적으로 '혼인'인지 아닌지에 따라 그 법의 대상 여부가 결정된다.

Q. 여성에 대한 폭력은 구속 비율이 낮다 보니 신고 비율이 낮다.

김효정 2022년 기준 교제폭력 112 신고 건수는 7만 건인데 검거 인원은 1만 2000명으로 확 줄어든다. 폭행, 상해, 협박 등의 혐의에서 처벌 불원되는 거다. 피해자는 여성이 많지만 쌍방으로 엮이는 경우가 많다는 뜻이기도 하다. 사법 처리 현황으로 보면 교제폭력 구속 비율이 1.8%밖에 안 된다. 가정폭력은 3.6%, 성폭력 3.6%, 스토킹 3.7%다. 검거해서 구속되는 비율이 대략 4%라면 누가 신고하겠는가. 피해자는 사회 시스템에 믿음이 있을 때 신고한다. 그런 믿음이 있어 가해자에 대한 두려움이 덜할 때, 그래서 나에게 보복하지 못할 것이라고 생각할 때 신고한다. 이를 뒤집으면 왜 신고하지 않는지를 알 수 있다. 사회 시스템에 대한 신뢰가 없고, 가해자가 보복할까 두렵고, 내 안전이 지켜지지 않을 거라고 생각하면 신고 안 하게 되는 거다.

최선혜 실제 가정폭력처벌법이 도입됐을 당시 처음에는 신고 건수가 올라갔지만, 일정 기간 후에는 떨어졌다. 가정폭력이 줄어들어서 떨어지지는 않았을 것 아닌가. 피해자 임시 조치나 잠정 조치 등 피해자 보호 조치가 어떻게 이루어지고 있는지 각 비율도 살펴볼 필요가 있다. 한편 가해자가 유치장에 들어가는 비율은 미미한 수준이다.

젠더 기반 폭력에서 가해자와 피해자는 동등한 관계가 아니다

Q. "왜 헤어지지 않았느냐"고 여전히 피해자에게 묻는다.

김효정 이제 가정폭력은 범죄라는 인식이 조금 생겨났다. 피해자가 헤어지지 못해 문제가 벌어지면, 아이도 있고 복잡한 문제가 있었을 거라 이해를 해주기도 한다. 반면 교제폭력 피해자들한테는 "왜 헤어지지 않았느냐"고 묻는다. 젠더 기반 폭력의 맥락에서 가해자와 피해자는 동등한 관계가 아니기 때문에 이별을 요구하거나 문제를 해결하기 어렵다는 사실을 이해하지 못하는 것이다. 이처럼 교제폭력에 대한 이해도가 낮으니 피해자를 향한 비난이 더 세진다. 이미 2000년대 초반부터 여성 중심 커뮤니티에서는 '안전 이별'에 대한 이야기가 많이 나왔다. 그때부터 여성 피해자들은 자신들이 이별을 요구하기 어려운 구조를 알고 있었던 거다.

최선혜 피해자가 헤어지기 위해 회유하고 설득하는 과정을 사법기관은 피해자의 동의로 해석한다. 혹은 그 과정에서 발생한 가해자의 행동은 피해자 의사에 반한 것이 아니었다고 본다. 무엇보다 피해자가 신고를 했을 때 왜 처리가 잘 안 됐는지를 경찰이 먼저 파악하는 게 중요한데, 그런 대응이 안 되고 관련 정보 축적도 없으니 경찰도 어려운 상황이다. 사망 등 강력 사건이 벌어지면 경찰에 비난이 쏟아지니 그게 두려워서 또 피해자를 탓하는 악순환의 고리를 이제는 끊어야 한다. 그런 맥락에서 통계를 생산해야 한다고 생각한다.

Q. 2030세대 여성들이 원하는 정책으로 '범죄에 대한 단호한 대응'이 주요하게 올라온다. "죽을 수 있는데 연애와 결혼을 어떻게 하느냐"는 목소리도 크다. 교제폭력을 해결하는 것이 저출생 대책이라는 목소리도 있다.

김효정 후기 근대사회에서 저출생은 자연스러운 현상이다. 인구가 폭발적으로 늘다가 사회가 발전하면서 2차 인구 변천으로 인구가 줄어드는 건 자연스럽다는 말이다. 그런데 유럽의 많은 국가들은 출산율이 낮아졌다가 다시 올라갔고 이게 유지되고 있다. 초저출생 현상에 대해 인구학자와 사회학자가 보는 가장 큰 원인 중 하나가 사회 불평등이라고 의견이 모아지고 있다. 따라서 성평등은 이러한 인구학적 문제 해결에 중요한 열쇠다.

여성에 대한 폭력이 발생하고 여성혐오가 만연한 사회는 절대 성평등한 사회가 될 수 없다. 범죄 피해에 대한 두려움은 성별화되어 있다. 여성들이 범죄 피해에 대해 두려움이 큰 사회는 성평등하지 않음을 보여주는 굉장히 중요한 지표이고, 그런 사회에서는 초저출생 문제가 해결되기 어렵다. 젠더폭력과 초저출생 문제를 연관시켜 보는 건 굉장히 타당하다.

젠더 기반 폭력이라는 관점을 잘 세우는 것부터 시작이다. 이런 관점을 세우지 않고 사건이 생길 때마다 한 군데 물이 새면 조금 수리하고, 또 다른 데가 새면 수리하는 식으로 해서는 안 된다. 교제폭력이 젠더 기반 폭력이라는 것을 이해하고 그 구조를 잘 세우는 것부터 시작해야 한다.

교제폭력 처벌 법제화
어디까지 왔나

친밀한 관계에 의한 폭력·살인 등의 범죄를 강력하게 처벌하자는 주장은 오랫동안 제기되어왔다. 하지만 대선 후보 시절부터 "여성에 대한 구조적 차별은 없다. 차별은 개인적 문제"라고 주장한 윤석열 전 대통령이 2022년 당선되면서 여성폭력에 대한 사회적 관심도는 더 떨어졌다. 법을 정비해 처벌의 근거를 마련해야 할 국회에선 관련 법이 발의됐다가 한번 논의도 없이 번번이 폐기됐다.

국회 의안정보시스템을 보면 2016년 개원한 20대 국회 이후 현재 22대 국회까지 친밀한 관계에서의 폭력 처벌 강화 등을 담은 법률이 발의된 것은 2025년 4월 기준 총 13건이다. 이 내용은 크게 1) 현행 가정폭력처벌법이나 스토킹처벌법을 개정하는 것 2) '데이트폭력방지법',

'교제폭력처벌법'처럼 특례법을 새로 제정하는 것, 이렇게 크게 두 가지로 구분된다. 여기에 형법상 교제폭력의 기준을 마련하고, 피해자 보호 절차와 지원 기관 운영에 필요한 사항 등을 규정하자는 의견이 더해졌다. 또 피해자가 협박이나 보복 우려 등의 이유로 가해자와 합의했을 경우 가해자를 처벌하지 않도록 한 반의사불벌죄 조항을 제하자는 내용도 담겼다.

다음은 이제까지 국회에서 발의된 관련 법안 내용 및 처리 현황이다.

20대 국회 : 임기 만료 폐기

- **가정폭력범죄의 처벌 등에 관한 특례법 일부 개정 법률안**
  - 제안자 박광온 더불어민주당 의원 등 10인(제안일 : 2017.08.02)
  - 주요 내용 '가정폭력' 정의에 데이트 관계 포함, 피해자 보호 제도 적용

- **폭력행위 등 처벌에 관한 법률 일부 개정 법률안**
  - 제안자 표창원 더불어민주당 의원 등 16인(제안일 : 2017.08.30)
  - 주요 내용 교제 관계에 있거나 있었던 사람에 대해 상습폭행, 특수폭행, 상해, 특수상해의 범죄를 저지르는 경우 형을 가중하는 규정 신설

21대 국회: 임기 만료 폐기

- **데이트폭력 등 방지 및 피해자 보호 등에 관한 법률안**
- 제안자 윤영석 국민의힘 의원 등 10인 (제안일: 2020.11.10)
- 주요 내용 교제 관계에 있거나 있었던 사람 사이의 신체적·정서적 폭력 또는 위협 및 상대방 의사에 반해 지속적으로 접근을 시도해 교제를 요구하는 등의 행위를 하는 것을 '데이트폭력'으로 규정, 국가기관 등의 장이 데이트폭력 예방·방지를 위해 교육 실시, 범죄 피해자 지원

- **가정폭력범죄의 처벌 등에 관한 특례법 일부 개정 법률안**
- 제안자 권인숙 더불어민주당 의원 등 10인 (제안일: 2021.01.11)
- 주요 내용 '가정폭력' 정의에 교제 관계 포함, 피해자 보호 제도 적용

- **데이트폭력범죄의 처벌 및 피해자 보호 등에 관한 법률안**
- 제안자 김미애 국민의힘 의원 등 15인 (제안일: 2022.07.15)
- 주요 내용 '교제 관계에 있거나 있었던 상대방에게 일방적으로 해를 끼칠 의도를 가지고 하는 신체적·정신적 또는 재산상 피해를 수반하는 행위'를 데이트폭력으로 정의, 상담 등을 통해 범죄를 알게 된 의료인·구급대원 등에 대하여 신고 의무를 부과, 긴급한 경우 긴급 응급조치를 할 수 있도록 함

22대 국회 : 미정

- **가정폭력범죄의 처벌 등에 관한 특례법 전부 개정 법률안**
- <u>제안자</u> 정춘생 조국혁신당 의원 등 23인(제안일 : 2024.07.10)
- <u>주요 내용</u> '가정폭력' 정의에 친밀한 관계 폭력 포함, 피해자 보호 제도 적용, 친밀한 관계에서 상대의 일상생활을 감시하고 명령과 지시에 따르게 하는 등 '정서적 학대 행위'에도 수사·사법 기관이 개입하도록 함

- **가정폭력범죄의 처벌 등에 관한 특례법 일부 개정 법률안**
- <u>제안자</u> 소병훈 더불어민주당 의원 등 10인(제안일 : 2024.07.12)
- <u>주요 내용</u> 가정폭력처벌법에 친밀한 관계 폭력 범죄도 포함

- **가정폭력범죄의 처벌 등에 관한 특례법 일부 개정 법률안**
- <u>제안자</u> 이재정 더불어민주당 의원 등 10인(제안일 : 2024.07.16)
- <u>주요 내용</u> 가정폭력범죄에 스토킹 행위 포함

- **가정폭력범죄의 처벌 등에 관한 특례법 일부 개정 법률안**
- <u>제안자</u> 서미화 더불어민주당 의원 등 16인(제안일 : 2024.07.24)
- <u>주요 내용</u> 가정폭력처벌법 '목적'에서 피해자와 가족구성원 인권 보호를 최우선으로 함, 가정폭력범죄에서 반의사불벌죄 적용 배제, 검사가 사건을 가정 보호 사건으로 처리하거나 상담조건부 기소유예 결정을 할 때에는 재범의 위

험성을 고려하도록 명시

- **가정폭력범죄의 처벌 등에 관한 특례법 일부 개정 법률안**
  - 제안자 김태년 더불어민주당 의원 등 10인(제안일 : 2024.09.19)
  - 주요 내용 가정폭력처벌법 '목적'에서 '가정의 평화와 안정을 회복하고자 함'을 삭제하고 피해자와 가족구성원 인권 보호를 최우선으로 함, '가정구성원'에 교제 관계에 있거나 있었던 사람을 추가, 가정폭력범죄에서 반의사불벌죄 적용 배제, 상담조건부 기소유예 항목 삭제, 법원 조사 시 강압적 통제 행위 이력 고려

- **스토킹 방지 및 피해자 보호 등에 관한 법률 일부 개정 법률안, 전자장치 부착 등에 관한 법률 일부 개정 법률안**
  - 제안자 김한규 더불어민주당 의원 등 28인(제안일 : 2024.11.14)
  - 주요 내용 스토킹 행위자뿐 아니라 교제폭력 행위자에 대해서도 전자장치를 부착할 수 있는 근거 마련

- **교제폭력범죄의 처벌 등에 관한 특례법안, 전자장치 부착 등에 관한 법률 일부 개정 법률안**
  - 제안자 박정현 더불어민주당 의원 등 28인(제안일 : 2025.01.09)
  - 주요 내용 교제폭력범죄 처벌과 절차에 관한 특례 마련, 피해자에 대한 보호 절차 규정, 필요한 경우 교제폭력 행

위자에 대해 접근 금지·전자장치 부착·상담 위탁 등의 잠정 조치

- **교제폭력범죄의 처벌 등에 관한 특례법안**
- <u>제안자</u> 황정아 더불어민주당 의원 등 15인(제안일: 2025.01.13)
- <u>주요 내용</u> 교제폭력범죄 처벌과 절차에 관한 특례 마련, 피해자에 대한 보호 절차 규정, 상담 등을 통해 범죄를 알게 된 의료인·구급대원 등에 대하여 신고 의무를 부과, 신고를 받은 사법경찰관리는 현장에 출동하여 응급조치를 하고 이때 교제폭력 행위자와 피해자 사이의 화해를 권유하여서는 아니 된다고 명시

이들 법안을 살펴보면 내용은 거의 비슷하다. 문제는 입법 방식이다. 2024년 5월 22일 국회입법조사처가 펴낸 〈이슈와 논점〉 보고서 등에서는 법안의 방향성과 각각의 장단점에 대해 이렇게 설명하고 있다.

"우선 교제폭력 처벌과 관련해 가장 많이 제시된 입법 방안은 현행 가정폭력처벌법에 교제폭력에 대한 정의를 추가해 적용하도록 하는 방식이다. 현행법은 가정구성원 사이의 신체적·정신적 또는 재산상 피해를 주는 행위를 가정

폭력으로 정의하는데, 이 '가정구성원'엔 전·현 배우자(사실혼 포함), 배우자와 직계존비속 관계에 있거나 있었던 사람, 계부모와 자녀 관계에 있거나 있었던 사람, 동거하는 친족만 들어간다.

그래서 '서로 합의하에 교제 관계에 있거나 있었던 사람' 등을 이 법의 처벌 대상에 포함시키자는 취지다. 처벌 대상만 늘리면 현행법으로도 피해자 보호 조치 등은 적용할 수 있고, 법 개정 측면에서 효율적으로 보일 수 있다.

그런데 이 방안의 근본적인 문제는 가정폭력처벌법의 목적 자체가 '건강한 가정의 회복'이라는 것이다. 입법 목적을 바꾸지 않는다면 교제폭력에 대해서도 '처벌'이 아니라 '애정 관계의 회복'이 목적이 될 우려가 있다. 법안 발의 취지를 제대로 살릴 수 없다는 뜻이다.

또 이 법은 '가정'을 전제로 하고 있어, 결혼하거나 부부 관계를 형성하려는 의사가 없는 교제 관계에 대해 적용하기 어렵다는 측면도 있다."

이와 비슷하게 현행 스토킹처벌법에 교제 관계를 포섭해 처벌하는 방안이 논의된다. 스토킹처벌법은 가정폭력처벌법과는 달리 가해자의 처벌 절차와 피해자 보호 조치에 초점을 맞추고 있다. 이 법안에 교제폭력을 포섭시키면 함께 규제할 수도 있다.

그러나 스토킹과 교제폭력은 겹치는 부분이 있으면서도 다르다는 게 이 경우의 문제다. 스토킹은 교제 관계가 아닌 일방적인 관계에서도 발생할 수 있다. 상대의 의사에 반해 지속해서 주거지·직장·학교 등의 장소에서 지켜보거나, 기다리거나, 따라다니거나, 문자와 전화 등을 반복해서 보내 불안감과 공포심을 일으키는 것이 스토킹에 해당한다. 이 행위는 내가 상대를 잘 모르더라도 입을 수 있는 피해다. 지극히 개인적인 상호 관계에서 발생하는 교제폭력과 양상이 다르다.

또 스토킹은 특정 행위가 지속·반복되는지 여부에 초점을 맞추고 있는 것도 교제폭력과 다른 점이다. 교제폭력은 상황에 따라 폭행, 성폭행, 불법 촬영 등 여러 범죄를 '연인 관계'라는 관계적 특성으로 묶어서 보고 있다는 점에서 입법 방향이 달라질 수밖에 없다. 스토킹 행위가 교제폭력에 일부 포함될 수는 있지만, 그 포괄적인 범죄를 아우르지는 못한다는 뜻이다.

마지막으로 스토킹 행위에 대해 사회적 경각심이 커지면서 새로 특별법을 만들었듯이, 교제폭력에 대해서도 별도의 특례법으로 대응하자는 의견이 있다. 아예 목적과 정의부터 새로 만들고, 교제 관계에 있거나 있었던 사람 사이의 신체적·정서적 폭력이나 위협 등을 교제폭력으로 규정해 처벌하자는 방안이다. 이 경우 교제폭력에 대해 사회적으로 더 큰 경각심을 줄 수 있고, 관련한 예방 교육이나 긴급 응급조치, 범죄 피해자 지원 등을 법에 규정하기도 쉬울 수 있다.

그러나 이 경우 현행법에서 규정하는 것과 중복될 우려가 높다는 것이 큰 문제다. 사실혼·동거 관계에서 발생하는 폭력은 가정폭력처벌법에 의해 대응이 가능하고, 스토킹 형태로 발생하는 교제폭력은 스토킹처벌법에 의해 대응이 가능하기 때문이다.

기존 법안을 개정하는 것이든, 새로운 법을 만드는 것이든 각각 장단점이 있다. 현재까지 발의된 법안들을 살펴보면 이런 고민들이 다 담겨 있다는 것도 알 수 있다. 문제는 발의 이후로 어떤 방식으로도 논의가 진전되지 않고 있다는 점이다. 사건이 터질 때마다 발의안만 나오고 어떤 실질적인 변화도 없는 동안 피해자들은 계속 목숨을 잃고 있다.

이전 국회에서 발의된 법안들은 모두 국회 임기 만료로 자동 폐기됐다. 22대 국회가 개원한 뒤에도 교제폭력의 심각성이 잇따라 보도되면서 관련 법안이 여럿 발의됐지만, 실질적인 논의는 거의 이루어지지 않고 있다.

새 문제가 대두될 때마다 사각지대가 생긴다

전문가들은 법안 개정이냐, 신설이냐 하는 방법론적 논의 외에 여성에 대한 폭력을 포괄적으로 처벌할 수 있는 근거 정립이 이루어져야 한다고 지적한다. 김수정 한국여성의전화 여성인권상담소장은 "현재 친밀한 관계 범죄를 처벌할 법이 아예 없는 건 아니지만, 사안이 나올 때마다 그때그때 만들어진 법안이다 보니 피해 지원 체계에서 겹치거나 빠져 있는 부분이 많다"고 지적했다.

"한국은 해외에서 보기엔 여성폭력 관련 법제가 그나마 많이 만들어졌다고 평가받지만, 사실 현행법엔 구멍이 많습니다. 1993년 성폭력특별법, 1997년 가정폭력처벌법, 2004년 성매매특별법, 2018년 여성폭력방지기본법, 2021년 스토킹처벌법 등이 다 개별법으로 만들어졌어요. 그러니까 데이트폭력, 디지털 성폭력 등 생활양식이 바뀌면서 새로 문제가 대두될 때마다 사각지대가 생기게 되는 거죠."

법이 필요할 때마다 얼기설기 만들어지면서 피해자 지원조차 체계적으로 이루어지지 않고 있다는 점은 큰 문제다. 예컨대 여성가족부의 피해 지원 범위를 보면 가정폭력은 피해 당사자만 지원받을 수 있지만, 성폭력은 직계존비속이나 보호자까지 포함된다. 또 가정폭력은 5년 이내 피해만 지원하는 반면 성폭력은 경과 기간과 상관없이 지원한다.

이에 대해 김 소장은 "현장에서 상담을 하다 보면 가정폭력이 오히려 더 오랫동안 피해가 지속되는 경우가 많다. 그런데 성폭력 피해와 지원 방식을 구분해놓은 것이 피해자는 물론 활동가로서도 이해하기 어려운 인위적인 부분"이라고 지적했다.

그는 이런 상황에선 교제폭력처벌법이 새로 생긴다고 해도 결국 법으로 보호받지 못하는 피해자가 생겨날 것이라고 우려했다. "가정폭력처벌법은 목적 자체가 가정의 유지와 보호이고, 사실상 혼인·혈연·입양 외의 친밀한 관계를 포괄하지 못한다는 한계가 크다. 궁극적으로 이를 개정하지 않으면 새로운 법안을 만들어도 비슷한 문제가 반복될 것"이라는 게 그의 설명이다.

그러면서 친밀한 관계의 폭력이 여러 피해가 복합·중첩되는 만큼 이를 포괄할 방안이 필요하다고 강조했다.

"피해자가 같은 상대에게 가정폭력, 성폭행, 스토킹을 모두 당했다고 하면 각각의 피해 기간에 따라 다른 기관에 다른 서류를 제출하고, 각각 다른 방식으로 지원을 받아야 하는 거예요. 사실은 하나의 맥락 속에서 일어난 '참사'인데도 말이죠. 앞으로 교제폭력 피해 지원 체계를 만들어간다 해도 '여성폭력'이라는 큰 맥락에서 보는 게 중요합니다. 여러 기관에서 임의로 구분하지 말고, 피해자가 이용하기 쉽게 현재의 산발적인 지원 체계를 정리해나가야 합니다."

강압적 통제를 법으로 처벌해야 하는 이유

이와 함께 물리적인 폭행 외에 상대를 정신적으로 압박하고 행동의 자유를 빼앗는 '강압적 통제'까지 법으로 처벌해야 한다는 주장도 힘을 얻고 있다.

허민숙 국회입법조사처 조사연구관은 2024년 7월 국회에서 열린 '거절 살인, 친밀한 관계 속 폭력 근절을 위한 입법 개선 방안 토론회'에서 "가시적으로 확인할 수 있는 신체적 폭력만 처벌하는 현행법은 피해자 중 소수만 보호한다. 친밀한 관계 폭력의 본성을 제대로 이해한 입법이 필요하다"며 강압적 통제를 처벌하는 방안을 제시했다.

'강압적 통제coercive control'는 상대방의 일상에 대한 간섭과 규제, 모욕 주고 비난하기, 행동의 자유를 빼앗고 가족 및 지인으로부터 고립시키는 등의 가해 행위를 뜻한다.

허 조사관은 "친밀한 관계 살인은 다른 살인과 달리 결별 이후 피해자가 살해당하는 특징을 보인다"며 "특히 둘 간의 관계가 권력 불균형적이고 가해자가 상대에 대한 통제 성향을 보이는 경우, 피해자가 극단적 위험에 처할 우려가 큰 것으로 조사됐다"고 설명했다.

실제 여성가족부의 연구보고서 〈2022년 가정폭력 피해실태 분석 및 지원 방안 개선에 관한 연구〉를 보면 통제 피해의 심각성이 두드러진다. 이 연구에선 폭력 피해를 신체적 폭력·성적 폭력·경제적 폭력·정서적 폭력·통제 등 5개 유형으로 구분해 '지난 1년간 배우자나 파트너에 의한 폭력 경험'을 물었다. 각 유형에 해당하는 문항을 하나라도 경험한 비율을 조사한 결과, 이 중 '통제' 피해 경험이 있다고 응답한 비율이 87.7%에 달했다. 이는 신체적 폭력(80.4%)이나 성적 폭력(70.3%)을 경험한 비율보다 훨씬 높았다.

이런 통제 피해 결과를 보면 '상대방의 행동이 폭력적

이라 느꼈다'(72.5%), '상대방이 원하는 대로 맞추게 되었다'(71.9%), '자유롭게 행동하는 데 제약을 느꼈다'(70.0%), '공포심이나 불안감이 생겼다', '위축되거나 고립감을 느꼈다'(각 68.8%) 등의 응답이 두드러졌다. '죽고 싶다'는 응답률도 57.5%에 달했다.

상대방이 누구와 통화하거나 만나는지 수시로 확인하기, 옷차림 검사하기, 상대방 동선을 파악하고 규제하기, 귀가 시간을 정해놓고 따르도록 하기……. 친밀한 관계에서 아주 일상적으로 이루어지는 이런 행위들은 파트너에 대한 보살핌이나 배려, 애정으로 여겨지는 경우가 많다. 상대를 걱정하는 의도가 있다고 보기 때문이다. 당연히 법적으로 폭력이나 협박, 스토킹에 해당하지 않기 때문에 처벌도 어렵다.

이에 대해 허 조사관은 "애정과 통제 행위는 다르다. 피해자의 일상을 감시하거나 통제하고, 피해자가 하기 싫어하는 것을 억지로 하게 하는 것 등이 통제 행위"라며 "이는 미래의 신체적 학대를 예견할 수 있는 가장 뚜렷한 전조 증상이자 피해자 살해 위험 요인이라는 게 학계의 정설"이라고 말했다.

"친밀한 관계에서 발생하는 여성살해는 특히 결별의 과

정에서 가장 많이 발생한다는 점에 주목해야 합니다. 강압적 통제의 고통에서 벗어나 자율성을 얻으려고 하는 과정에서 목숨을 잃는다는 것이죠. 현재는 신체적 폭력 위주로 피해자의 위험을 감지하고 있지만, 이 기준 자체가 달라져야 한다는 것을 의미합니다. 적절한 공권력 개입이 이루어져야 참극을 막을 수 있고, 이 행위에 대한 처벌도 보다 강해져야 합니다."

영국의 경우 2015년 '중범죄법' 개정을 통해 신체적 피해가 없는 통제 행위도 범죄로 규정했다. 법률 적용 대상자는 친밀한 관계 또는 가족 관계다. 2회 이상의 통제 행위를 통해 친밀한 관계의 상대방에게 곧 폭력이 사용될 것이라는 공포심을 불러일으키거나, 일상생활을 영위하는 데 있어 상당한 지장을 초래할 때 범죄 행위가 발생했다고 본다.

영국 내무부는 통제나 강압적 행동이 단발적인 것이 아니라 행동의 과정, 패턴이라는 점을 강조한다. 피해자를 통제하기 위해 반려견을 해치겠다고 위협하는 것, 낙인찍힐 우려가 있는 건강상의 문제를 지인에게 폭로한다고 위협하는 것 등의 행위를 통제 및 강압 행위로 포괄한다.

영국에서는 특히 가해자의 행동이 피해자에게 심각한 영향을 미쳐야 한다며 구체적 예시를 들고 있다. 이를테면 가해자의 일련의 행동으로 인해 피해자가 누군가와의 교류를 중단하고, 신체적·정신적 건강이 악화되고, 가해자에게 일상을 보고하고, 사회적으로 고립되고, 이전에 활발하게 즐겼던 활동에 참여할 수 없게 되고, 의약품·전화·인터넷에 대한 접근이 차단되고, 가족이나 지인의 방문이 허용되지 않는 상황 등이다.

이 법이 시행된 이후 강압적 통제 범죄 행위에 대한 신고는 2019년 1만 7616건에서 2020년 2만 4856건, 2021년 3만 3954건, 2022년 4만 1626건, 2023년 4만 3774건으로 꾸준히 늘었다(가해자에 대한 평균 선고 형량 역시 점차 늘어나 2018년 20.2개월에서 2022년 24.4개월로 증가했다). 즉, 신체적 피해가 없어 이전에는 범죄로 인정되지 않던 '통제'나 '강압적 행동'이 범죄 행위로 인정되자 신고가 가능해졌음은 물론 신고 건수가 점점 늘어났다는 말이다. 이는 젠더폭력 피해 양상을 신체적 피해로 축소해 보아서는 안 된다는 것을 시사한다. 한국도 하루빨리 이에 대한 논의를 시작해야 한다.

4장

과거엔 피해자,
지금은 생존자,
미래엔 조력자 되고 싶어요

'피해'를 딛고
살아가기°

남자친구와 헤어졌다. 힘들었지만 이별을 잘 이겨내야겠다고 생각했다. 그런데 얼마 뒤 그 남자가 내가 다른 남자와 양다리를 걸친 게 아니냐고 추궁하더니, 차에 태워 욕설을 퍼부으며 도로를 질주하기 시작했다. 집으로 끌고 가 목을 조르고, 뺨을 때리고, 발길질했다. 식칼을 가져와 겨누고 찌를 듯이 위협했다. "내 손으로 너를 죽이겠다"고 계속 소리를 질렀다.

김지영 씨(가명)는 자신의 이야기를 "가장 보통의 사건"이라고 표현했다. 그는 몇 년 전, 전 연인에게 목숨을 잃을 뻔한 교제폭력 피해 생존자다. 가해자 A는 1심에서

° 만난 사람: 교제폭력 사건 김지영 생존자

징역 3년 형을 받아 감옥에 갔다. 피해자는 여전히 하루하루 치열하게 살아가며 온전한 일상을 회복하기 위해 애쓰고 있다.

그는 "사건 직후엔 모든 게 내 잘못 같아서 오랫동안 자책했다. 그런데 주위를 둘러보니 비슷한 일을 겪은 사람들이 너무 많았다"며 "아직도 가해자가 아닌 피해자를 탓하는 사람들에게 그 생각이 잘못됐다는 얘기를 꼭 하고 싶다"고 했다.

'둘 다 잘못했으니까 화해하세요'

그날 이후 모든 순간이 김 씨에겐 또 다른 피해의 연속이었다. 폭행 당시 그는 겨우 집에서 도망쳐 나왔다. 귀에서 피가 흐르고, 온몸에 타박상이 있었다. 신고를 받고 현장에 출동한 구급대원들은 응급치료를 해야 한다고 말했다.

그런데 경찰은 치료도 하지 못한 피해자를 그대로 데려다가 조사했다. 어떤 기관에서 추가로 도움을 받을 수 있는지 안내해주지도 않았다. 경찰은 교제 관계였던 A를 '남편'이라고 지칭하는가 하면 "우리는 당신을 억울하지 않게 해줘야 하지만, 상대방도 억울하게 하면 안 된다. 이해해달라"고 했다.

김 씨는 "차 블랙박스에 내가 두들겨 맞는 소리가 전부 녹음돼 있었다. 피해 증거가 버젓이 존재하는데도 수사기관은 단순히 싸움을 무마하려고 하는 것 같았다"고 말했다.

"초등학교 때 친구랑 싸우고 나서 '얘가 그랬어요', '쟤가 먼저 그랬어요' 하면 선생님이 나와서 '둘 다 잘못했으니까 화해하세요' 하는 것 있잖아요. 경찰서에서 제가 받은 느낌이 꼭 그랬어요. 수사기관이 처음부터 기계적 중립만 지키려고 하는 것 같았고, 내 피해가 모두 부정당하는 것 같았어요."

당시 피해자의 변호사가 항의하며 경찰서에 제출한 의견서엔 이런 내용이 상세하게 담겼다.

위 사건에 관해 다음과 같이 의견을 개진합니다.

1. 2차 가해 금지 및 피해자에 대한 사과 요청

- 피해자는 ○○에서 학사 학위를 취득했고, ○○ 과정을 수

료했으며 우등졸업을 받고 졸업한 사람입니다. 피해자는 스타트업 기업에 취업해 전략·기획 부서에서 일하기도 했습니다. 귀 경찰서 담당 수사관은 피해자 진술 조사 중 피해자의 직업을 물었고, 피해자가 회사원이라고 답변하자 '진짜 회사원이냐, 어떤 회사에 다니냐'고 질문했습니다. 피해자가 답변하자, 수사관은 의아하다는 듯이 고개를 갸우뚱거리며 '정말 그런 일 하는 사람이세요?'라고 되물었습니다. 피해자는 담당 수사관이 피해자를 마치 스폰서가 얻어준 집에 기거하던 중 폭행을 당한 술집 여자 취급을 하는 것 같은 기분이 들었다고 합니다. 피해자에게 왜 위와 같은 질문을 했는지 납득할 수 있도록 설명하고 사과하시기 바랍니다.
- 피해자는 폭행 당시 정신없이 뛰쳐나왔고, 이웃 주민의 신고로 경찰과 119 구급대원이 출동했습니다. 제대로 호흡하거나 진술할 수 없을 정도로 극도로 흥분한 상태였으므로 피해자를 우선 병원으로 데려가 치료를 받게 했어야 합니다. 그런데 당시 출동한 경찰은 피해자의 진술을 확보해야 한다며 구급대원의 만류에도 불구하고 피해자를 경찰서로 인계했습니다. 그 과정에서 피해자는 경찰이 피해자를 보호하려는 생각이 없다는 느낌을 받았다고 합니다.
- 피해자는 조사받는 과정에서 경찰이 나를 보호해주지 않는다는 인상을 받아 더욱 불안한 상태가 되었고, 조사를 마친 뒤에도 극도의 흥분, 쇼크 상태에서 벗어나지 못하고 울고 있었습니다. 그런데 담당 수사관은 울고 있는 피해자에게 '옆에서 피의자를 조사하고 있으니 조용히 하라'며 경고했

습니다. 피해자는 자신을 죽이려 한 피의자가 같은 건물, 같은 층에 있어 다시 마주칠 수 있다는 생각에 숨을 쉬기 어려울 정도로 극도의 쇼크 상태에 빠졌다고 합니다.

2. 범죄 사실 및 적용 법조 변경/추가 요청

- 피의자는 피해자 몰래 피해자의 오피스텔에 침입하고 피해자 차량에 무단으로 침입한 뒤 블랙박스를 훔쳐보았습니다. 피의자는 범행 당시 헤어진 상태였는데도, 자신의 범행을 축소하기 위해 교제 중이었다며 허위 주장을 할 수밖에 없었을 것으로 보입니다. 그런데 담당 수사관은 허위 주장에 대해 피해자 쪽에 확인해보거나 객관적 증거를 확인하려고 하지도 않은 채, 두 사람이 사실혼이라고 볼 수 있다고 잘못 판단했습니다. 이렇게 판단한 이유가 무엇인지 설명해주시기 바랍니다. 또한 피의자가 피해자와 동거 관계임을 전제로 해서 입건하지 않은 주거침입죄에 대해서도 추가로 조사해주시기 바랍니다.

김 씨는 "경찰서에 한번 갔다 오면 말 그대로 몸져누웠다"며 당시 상황을 설명했다.

"저는 피해 이후 몇 주 동안 병원에 입원할 정도로 아팠고, 그날 기적적으로 살아났다고 생각해요. 그런데 경찰은 모든 화살을 저한테 돌리는 것 같았어요. '네가 다른 사람과 바람을 피워서 그렇다', '맞을 만한 짓을 했다'는 식으로요. 그건 상대방이 오해한 거고 저는 그런 행동을 한 적이 없는데도요. 그리고 만에 하나, 정말로 제가 다른 사람을 만났다고 해도 그게 누군가가 저를 죽일 수 있는 면죄부가 되나요? 그 사람의 범행이 중요하지, 제가 어떤 행동을 했는지가 왜 중요한가요?"

경찰 조사 이후에 A는 바로 풀려났다. 김 씨는 "재판에서 징역형이 나와 수감되기 전까지 그 사람은 아무 일도 없었다는 듯이 잘 살았다. 사회관계망서비스(SNS)나 메신저 프로필에 계속 나를 저격하는 글을 올렸다고 들었다"며 "그런 일을 저질러놓고도 미안하다는 말도 없이 버젓이 살아가고 있는 게 너무 힘들고 무서웠다"고 했다.

김 씨가 요청하자 경찰은 스마트워치를 지급했지만, 그는 보호받는다고 느낀 적이 없었다.

"가해자가 그날 이후 나에게 다시 해코지를 한 건 아니어서 다행이지만, 만약 정말 그런 시도를 했다고 하면 스마트워치가 도움이 됐을지 의문이에요. 어차피 제 목소리보다 가해자 목소리가 더 중요한 것처럼 느껴졌으니까요."

한 마디씩 더해질 때마다 완전히 혼자가 됐다

법원으로 사건이 넘어간 뒤에도 고통은 계속됐다. A의 지인들은 법정에 몰려와 "어떻게 피해자 주장을 모두 받아들이냐", "여자 판사라서 편들어준다", "판사를 잘못 만났다"고 떠들었다.

김 씨의 친구와 직장 동료 등 주위 사람들은 가해자의 행동을 비난하는 대신 자신을 돌아보라고 했다. 누군가는 "네가 먼저 좋은 사람이 돼서 사람 보는 눈을 키워야 한다"고 했고, 누군가는 위로를 한다며 "최고의 복수는 네가 잘 사는 것"이라고 했다. 또 누군가는 "우리 엄마나 할머니 때는 더 많이 맞고 살았다"고 말했다. 주위에서 한 마디씩 보탤 때마다 그는 완전히 혼자라고 느꼈다. 결국 당시 다니던 회사에서 제대로 업무를 할 수 없게 돼 도망치듯 퇴사했다. '자발적' 퇴사라서 실업급여도 받지 못했다.

그는 "폭행 이후에도 이리저리 얻어맞는다는 생각이 들었다. 남들에게 도움을 요청하는 게 치욕스럽다고 느꼈고, 차라리 신고를 안 했다면 어땠을까 싶었다"고 했다.

"누군가 저한테 이런 말을 했어요. 사람들이 네 말을 안 믿는 건 네 뼈가 안 부러지고, 안 죽어서라고. 그러니까 아예 만신창이가 되거나 세상에서 사라져야만 피해자의 말을 들어주는 거예요. 저는 신고하고 나서 후회했어요. '수사 과정이 이렇게 나한테 불리하고 괴로워질 줄 알았다면 아예 하지 말걸' 하고요. 만약에 그때 가만히 있었으면 그냥 한 번 맞고 끝나는 건데, 괜히 신고해서 이렇게 계속 힘들어야 하나 싶었거든요."

이런 일련의 경험들은 김 씨의 마음에 폭행 피해만큼이나 큰 상처를 남겼다. 외상후스트레스장애(PTSD) 진단을 받은 김 씨는 극심한 우울증으로 반년간 집 밖에 나가지 못했다. 살이 급격히 쪘고 간단한 일상생활도 큰 난관이 됐다. 타인을 만나고, 일상을 나누고, 교류한다는 것 자체가 당시의 그에겐 불가능한 일이었다. 피해 이후 그와 심리 상담을 진행한 상담사는 법원에 제출한 소견서에 이렇게 썼다.

> 상기 내담자는 당시 상황을 떠올리는 것만으로 불안감, 부담감이 컸음. 외상 사건 피해 경험을 직접적으로 언급하는 데 상당한 시간이 소요될 만큼 대인 관계상의 불신감, 방어적인 태

도를 보였음. 이는 병원 치료와 폭행 사건 수사를 받는 과정에서 피해자보다는 가해자 입장에서 조사가 이루어진 것, 그리고 실제 사건만으로 판단하기보다 피해자에게 원인이나 책임을 전가하는 투의 태도를 보인 관계자들과 연관된 반응임. 사건이 왜곡되거나 피해자를 부정적으로 본다는 스트레스에서 온 것으로 보임.

상담 과정에서 내담자의 증상은 호전과 악화를 반복했음. 나아지고 싶고 회복되고 싶은 마음으로 자신을 재건하려고 하다가도, 좌절감을 느끼는 순간이나 외상 사건 관련 일들이 재개될 때 자신을 나쁘게 방치하고 있다는 느낌, 자기 패배적 신념과 무력감 등에 빠졌음.

우울감이 심할 땐 관계 외상 사건 피해자들에게서 자주 나타나는 무조건적인 자책과 자기혐오감으로 자신을 학대하는 태도를 보이기도 함. 관계 지향적이고 갈등을 직면하기 어려워하는 내담자의 성향상 문제가 있을 때 타인보다 자신을 검열하고 비판하거나, 비현실적인 내적 기준을 요구하는 모습을 보이기도 했음. 이런 마음을 이해해나가면서 되도록 자기 긍정적인 태도로 스스로 대하도록 하고, 상황을 객관화해 이해하고 대처할 수 있도록 하는 게 부정적 자기 상과 자존감을 회복하는 데 중요할 것으로 보임.

김 씨는 당시 자신의 상황에 대해 이렇게 설명했다.

"이 세상에 나를 죽이려는 사람이 있다는 사실을 떠올리면 지금도 내 안의 모든 것이 산산이 조각난 느낌이에요. 그때 이후로 뭔가 회복될 수 없는 상태가 됐다는 생각도 들고요. 나와 함께 분노하거나 내 얘기를 들어주는 사람이 아무도 없어서, 너무 외롭고 괴로웠어요. 다들 '불행은 전염된다'고 생각하는 것 같았어요. 말할 데가 없어서 카카오톡 피해자 모임 오픈채팅방에 들어가서 기웃거리기도 하고, 자살 충동이 들어서 생명의전화에 울면서 전화했어요. 그런데 정작 나를 그렇게 힘들게 했던 가해자는 재판정에서 지인들에게 응원을 받았다는 거예요. 너무 억울하고, 내 인간관계와 인생 전반에 회의감이 들었어요."

'나'라는 사람이 완전히 망가진 듯한 기분, 이 상처는 너무 깊어서 도저히 나을 것 같지 않다는 절망감에서 혼자 벗어나는 건 어려운 일이다. 지금 김 씨가 제일 아쉬워하는 건 처음부터 적절한 도움과 지지를 받지 못했다는 점이다. 어디에 도움을 요청해야 하는지, 어떤 법적·의료적 지원을 받을 수 있는지, 왜 자신을 탓하는 게 답이 아닌지, 그는 시간이 한참 흐른 뒤에야 알았다. 그는 "경찰에서 조사를 받을 때, 처음부터 여성긴급전화 1366 팸플릿이나 여성폭력 피해 관련 책자 하나라도 받았다면 얼마나 좋았을까 생각한다"고 했다.

내 잘못이 아니란 걸 알게 됐어요

김 씨가 세상에 다시 나올 수 있게 도와준 건 또 다른 피해자들이었다. 그는 한국성폭력상담소의 '성폭력 전문 상담원 교육 과정'을 우연히 알게 돼 수강했고, 다른 수강생들과 대화하면서 시각이 완전히 바뀌었다며 그것이 "인생에서 제일 잘한 일 중 하나"라고 말했다.

한국성폭력상담소에서 수년째 진행하는 이 교육은 100시간에 걸쳐 여성학부터 성폭력 관련 법과 수사·재판 절차, 쉼터 지원 체계, 성폭력 상담 실습 등을 두루 배운다.

> "100시간의 수업을 듣는 게 물리적으로 쉽지 않거든요. 그런데 저는 이 강의가 한 시간 한 시간 너무 소중했어요. 대학교 4년 수업보다 더 좋았어요. 젠더 기반 폭력이 뭔지 그때 처음 배웠거든요. 그러면서 과거에 내가 일하면서 겪은 일이 직장 내 성희롱이었다는 걸 알게 됐고, 전 연인의 폭행도 내 잘못이 아니었다는 걸 알게 됐어요. 친족 성폭력, 아동 성폭력, 친밀한 관계의 폭력 등 수많은 피해 사례를 공부하면서 '내 일이 보편적인 사건 중 하나구나', '나와 비슷한 사람이 많고, 우릴 지지하는 사람도 많구나' 깨닫게

됐고요."

이 강의 중에는 실제 법원 재판을 참관하는 시간도 있다. 김 씨는 "법정 분위기를 사전에 볼 수 있었던 게 이후 피해자 증인신문에 참석할 때 큰 도움이 됐다"면서 "그게 아니었으면 너무 떨어서 말도 제대로 못 했을 것"이라며 웃었다.

그는 자신을 지지해주는 사람들을 만나면서, 조금씩 스스로를 사랑하는 법도 배우게 됐다.

"사건 이후에 사람들이 나를 비난하는 말을 들으면 한동안 기분이 안 좋았어요. 그런데도 그때는 그걸 관심의 일종으로 받아들였거든요. 세상에서 내가 버려졌다고 생각했으니까요. 하지만 지금은 달라요. 피해의 본질은 나의, 피해자의 선택이 아니라 가해자의 의도에 있어요. 가해자가 나를 해하겠다는 의도를 가지지 않았으면 그런 일은 없었겠죠. 그 의도는 제가 아니라 온전히 가해자의 것이고요."

김 씨는 사건 직후엔 큰 충격 때문에 오랫동안 집 안을 벗어나지 못했다. 일상을 회복하게 된 건 아주 조금씩,

천천히 '좋아하는 것'들을 찾게 되면서부터다.

"제가 계속 집에만 틀어박혀 있고, 아무도 안 만나고 자책만 하니까 변호사님이 이렇게 말한 적 있어요. '나는 힘들 때 스타벅스에 간다. 거기서 좋아하는 거 시켜 먹고, 가만히 앉아만 있어도 좋다.' 진짜 별거 아닌데, 그 말에 왠지 기운이 났어요. 뭔가 작은 것부터 시작해봐야겠다고 생각하게 됐죠."

그렇게 시작한 게 새벽 요가였다. 일주일에 세 번, 새벽 5시에 일어나 요가를 배우러 가면 온몸이 땀으로 흠뻑 젖었다. 특히 힘든 동작을 할 때면 사건 이후 '잃어버린 것들'에 대한 생각이 떠올랐다.

"사실 어려운 동작을 하면 신체의 고통 때문에 마음의 고통이 사라질 줄 알았는데, 왜 더 힘든 생각이 났는지 모르겠어요. 그때의 기억이 막 떠올라서 엄청 괴로웠거든요. 그래도 그렇게 수련하면서 내 안의 생각이 정말 많이 정리됐어요. 돌아보면 그땐 상황이 너무 억울하고, 분노에 가득 차 있고, 무섭고, 괴롭고 그러니까 다른 사람들한테 말도 조리 있게 못 했던 것 같거든요. 그래도 지금은 마음이 훨씬 나아진 것 같다는 생각이 들어요. 요가를 하면서 정해진 루틴이 생기고 집 밖에 나가게 되니까 일을 알아볼 기력도 생겼죠. 그리고 일을 하면서 조금씩 더 내가 좋아하는 것들을 찾게 됐고요. 저를 살린 몇 가지 중 하나가 요가인 것 같아요."

김 씨는 자신이 겪은 사건이 인생의 많은 부분을 바꿨지만, 오히려 과거의 해악적인 관계까지 정리됐다는 점에서 긍정적이라고 했다.

"예전에는 저에게 큰 위로나 도움이 되는 얘기를 하지 않는데도, 그냥 그 사람들이 제 지인이라는 이유로 상처를 받으면서 곁에 뒀던 것 같아요. 사건 이후에 그 사람들까지 떠나가고 제 옆에 아무도 남지 않는다는 게 너무 두려웠거든요. 그런데 이젠 생각이 바뀌었죠. 저를 소중히 여기지 않는 사람들을 가까이 둘 필요는 없다고 생각해요."

현재 그는 끝없이 자책하고 고통에 사로잡혔던 과거에서 벗어나 홀로서기를 시작했다. 온라인 화상 수업 사이트에서 영어를 가르치고, 틈틈이 책 번역 작업도 하면서 다시 세상을 향해 발을 내디뎠다.

피해 직후 그는 병원 입원비, 치료비, 변호사 선임비 등으로만 2000만 원 정도를 썼다. 트라우마 치유 상담을 계속 받고 싶은데, 고정 수입이 없어서 처음엔 억지로 일을 시작했다. '빨리 돈을 모아야 한다'는 생각에 매일 12시간씩 업무에 매달렸다. 사건을 떠올릴 틈도 없이 일에 몰두한 건 좋았지만, 그만큼 금세 소진됐다. 그는 "50분 수업, 10분 휴식이라는 빡빡한 스케줄이 온종일 반복되니 쉬는 시간에 눈물이 주르륵 흐르더라"고 말했다.

일대일, 소규모 그룹 강의라지만 온라인에서 얼굴을 드러내는 것에 대한 불안감은 없었을까. 김 씨는 "솔직히 백 번 넘게 고민했다. 그렇지만 평생 숨어 살 수는 없지 않느냐"며 "예전엔 내 피해가 수치스럽다고 느꼈지만, 정작 부끄러워해야 할 사람은 그 사람과 그를 지지하는 사람들이다. 나는 인생의 다음 챕터에선 담대하게 살고 싶다"고 말했다.

강의가 누적되면서 수강생들의 리뷰는 수백 개로 늘어났다. "진행이 체계적이어서 이해하기 쉽고, 하나라도 더 알려주려고 한다", "지인에게도 추천하고 싶은 수업"이라는 평가를 읽다 보면 마음 한구석이 따뜻해진다.

피해 직후 그는 '나는 불쌍하고 쓸모없는 존재'라고 생각했다. 하지만 이런 작은 성취들이 조금씩 생기면서 새로운 도전을 시작했다. 얼마 전부터 여행 스타트업 기업에 합류한 것이다. 외국인 관광객을 위한 투어 상품을 기획하고 개발하는 일이다.

> "목을 졸리고 발로 밟히던, 인간 이하의 취급을 받은 기억에서 벗어나기가 너무 어려웠어요. 그런데 이렇게 인정받는 경험이 쌓이면서 아주 조금씩, 내가 흔들리지 않는 사람으로 성장하고 있는 것 같습니다."

그는 "처음엔 사람들을 만나는 것 자체가 정말 두려웠는데, 조금씩 나아지면서 내가 진짜 원하는 걸 하고 싶다는 생각이 들었다"며 "지금 회사 분위기도 나와 잘 맞고, 내게 만족스러운 관계들을 하나하나 다시 쌓아나가고 싶다"고 했다.

제가 받은 만큼 꼭 돌려주고 싶어요

전 연인이자 폭행 가해자인 A에 대한 마음은 어떻게 바뀌었는지 물었다. 김 씨는 "굉장히 복잡한 마음이 든다"며 말을 이었다.

"연인 관계라는 게 내 일상과 상대의 일상이 많이 겹칠 수밖에 없잖아요. 어딜 가도 누굴 만나도 상대방이 연상될 때가 많아서 힘들었어요. 그리고 나를 죽이려 했던 그 사건 이전엔 정말 좋아한 사람이었으니까, 단순히 '좋다, 싫다'라고 말하긴 어려워요. 지금 제가 진짜 원하는 건, 그냥 제 인생에서 다시는 엮이지 않는 거예요. 미워하고 싶지도, 좋아하고 싶지도 않고 그냥 없는 사람이면 좋겠어요."

최근엔 독서 모임에서 《용서의 나라》라는 책을 읽으며 다시 그때 일을 떠올렸다고 했다. 성폭행 피해자와 가해자가 나눈 대화의 기록이다. 저자 토르디스 엘바Thordis Elva는 열여섯 살이던 1996년 아이슬란드에 교환학생으로 온 호주 소년 톰 스트레인저Tom Stranger에게 강간당했다. 사건 후 9년 동안 섭식장애와 알코올의존증 등을 겪고 자해까지 하던 저자는, 호주로 돌아간 가해자에게 편지를 썼다. 후회로 가득한 답장이 도착하고, 이후 두 사람은 8년간 300통의 편지를 주고받은 끝에 2013년 각자의 거주지에서 중간 지점인 남아프리카공화국 케이프타운에서 재회했다.

김 씨는 자연스레 '나라면 어떨까' 하고 생각했다고 한다.

"당연히 한국이랑은 다르고, 제 상황과도 다르지만 '용서'가 뭘까 생각을 많이 하게 됐어요. 용서란 가해자를 위해서 하는 게 아니라, 피해자가 앞으로 남은 삶을 조금이라도 평안하게 보내기 위해서 하는 것 아닐까요. 모든 피해자가 가해자를 용서해야 한다는 건 아니지만, 저에겐 이런 마음이 필요할 수 있겠다고 생각했어요. 그런데 지금 제 상황을 보면 상대방이 전혀 반성의 기미가 없고, 그 사람을 둘러싼 지인들도 다 가해자를 옹호하고 있거든요. 나는 사과도 한 번 받지 못했고, 그래서 더더욱 용서를 하고 싶어도 할 수가 없어요. 언젠가 내가 상대를 진정으로 용서하고 편해지는 그런 날이 올까요?"

가해자가 끝까지 사과 한마디 하지 않아도, 오히려 자기가 억울하다며 지인들에게 말하고 다녀도, 김 씨는 이제 예전만큼 아프진 않다. 새로운 사람들과, 새로운 곳에서, 새로운 관계를 맺으며 그는 매일 조금씩 단단해지고 있다. 다시 일어설 수 없을 것 같았던 그에게 '목표'라는 것도 생겼다. 다른 사람들에게 어떤 방식으로든 도움을 주는 것이다.

"한국성폭력상담소에서 만난 사람들도 그렇고, 변호사님

도 그렇고, 돌아보면 저를 생각해준 사람들이 없지 않거든요. 그래서 제가 받은 만큼 꼭 누군가에게 돌려주고 싶어요. 만약 다른 피해자들을 도울 기회가 생긴다면 어떻게 그 상황을 헤쳐 나갈 수 있을지 함께 고민하고 싶어요."

수사와 재판 과정에서 큰 도움이 됐던 변호사처럼 법 전문가가 되든, 타인의 마음을 어루만지는 상담가가 되든, 아니면 여성폭력 피해 지원 기관에서 돕든, 그의 미래엔 이제 새로운 선택지들이 생겼다.

그에게 지금은 자신을 어떤 사람이라고 생각하는지 물었다. 고민하던 김 씨는 이렇게 말했다.

"전 약간 잡초 같아요. 살면서 여러 힘든 일이 많았는데, 그래도 극복했고 이렇게 살아 있잖아요. 과거엔 피해자였지만 지금은 생존자라고 생각해요. 앞으로의 꿈은 승리자, 더 나아가 조력자가 되는 거예요. 내가 할 수 있는 어떤 일이라도 해서 다른 사람들에게 도움이 되고 싶어요. 내가 혼자여서 겪었던 아픔을 다른 이들이 되풀이한다면 '그럴 필요 없다', '네 잘못이 아니다'라고 꼭 말해주고 싶어요."

서로의
연대자가 되는 일°

성폭력, 가정폭력, 교제폭력은 우리 사회에서 오랫동안 폭력이 아니었다. 사적인 것이기에 외부에 말하면 안 되는 수치스러운 것, 중요하지 않은 일로 여겨졌다. 최근에는 인식이 많이 바뀌었지만, 여전히 친밀한 관계의 폭력은 쌍방과실이나 개인 간 다툼 정도로 다뤄지는 경우가 많다. 친밀한 관계에서 일어나는 행위는 애정을 기반으로 한다는 이유로 많은 것들을 가린다. 타인과의 관계에선 명확히 선을 넘었다고 인식되는 일들도 친밀한 관계에서는 '사랑'이라 생각해 묵인하는 경우가 많다. 이는 향후 더 큰 폭력이 발생했을 때 피해자가 스스로를 탓하는

° 만난 사람: 한국성폭력상담소 박아름 활동가

요인이 된다. '내가 잘못해서', '나만 가만히 있었다면', '내가 참았다면' 등과 같은 생각이다. 이런 자책은 피해자를 고립시킨다.

'해방될 힘'을 얻는 교육

이러한 인식을 바꾸려면 개인의 노력만으로는 어렵다. 여성폭력에 대한 인식 개선을 목표로 하는 교육이 필요한 이유다. 김지영 씨가 수강한 한국성폭력상담소(이하 '성폭력상담소')의 성폭력 전문 상담원 교육은 그런 프로그램 중 하나다. 성폭력상담소는 국내 대표 여성단체 중 하나로, 친밀한 관계의 폭력에 대한 잘못된 인식을 바꾸기 위해 수십 년간 끊임없이 노력해왔다. 2023년 기준으로 성폭력 피해자 상담 지원 건수는 9만 700여 건에 달한다. 성폭력상담소는 성폭력 피해자를 상담하고 지원하면서, 이 같은 폭력이 결코 사소한 일이 아니며 사회구조적 문제라는 사실을 강조해왔다. 2년에 한 번 여는 성폭력 전문 상담원 교육은 이런 역할을 하는 주요 사업 중 하나다. 상담원 교육인 만큼 관련 기관 종사자가 많이 듣지만, 일반인도 들을 수 있다. 성폭력 피해자부터 교사, 경찰, 사회복지사, 연구자 등 다양한 사람들이 수강한 이 교육은 친밀한 관계에서 벌어지는 폭력을 왜 애정이라는 이름으로 무마할 수 없는지 상세하게 알려준다.

교육은 총 100시간에 걸쳐 진행된다. 한 달간 여성학·상담학 이론부터 성폭력상담소 지원 체계, 관련 법과 수사·재판 절차, 의료 지원, 유형별 성폭력에 대한 이해와 지원, 성폭력 상담 실습 등의 내용을 배울 수 있다.

이 교육은 여성 인권과 반성폭력 운동의 역사부터 시작해 여성의 몸과 섹슈얼리티, 성폭력 문제를 바라보는 관점으로 이어진다. 중간 단계에 접어들면 아동·청소년 성폭력, 직장 내 성희롱, 장애 여성에 대한 폭력, 가정폭력 등 여러 성폭력의 특성과 유형에 대해 세부적으로 배운다. 종반에는 법률이나 의료 지원 체계까지 차근차근 이론 강의가 이어진다. 마지막에는 수강생끼리 서로 상담 실습을 하면서 그때까지 배웠던 내용을 정리하는 시간도 마련된다.

성폭력 전문 상담원 교육의 가장 중요한 목적은, 우선 성폭력에 대한 편견이나 통념을 깨는 것이다. 오랫동안 성폭력은 피해로 인정되지 못했다. 피해자 개인의 불행한 일 또는 여성이 처신을 잘못해서 벌어진 일, 더 나아가 여성의 망상이라고 보는 관점이 지배적이었다. 그래서 이 교육 과정은 성폭력이라는 개념을 제대로 정의하고, 여성폭력 범죄가 '범죄'로 명확히 정립되어온 과정을 상세히 배우는 것으로 시작한다.

이 과정이 중요한 이유는 피해자들에게 자신의 피해를 언어화할 수 있는 힘과 지식을 주기 때문이다. 김혜정 한국성폭력상담소 소장은 "교제폭력이나 성폭력 등의 피해 사례에서 자주 발견되는 양상이 가해자가 피해자에게 '너는 무능한 존재다', '신고한다고 누가 들을 것 같냐'는 등의 말로 협박하며 피해자를 고립시키는 것"이라며 "이런 말을 들으면 피해자는 창살 없는 감옥에 있는 듯 다른 사람이나 제도, 이 세계와 연결되지 못하게 된다"고 말했다. 이런 피해자에게 자신의 상황을 객관적으로 볼 수 있게 도와주는 것이 성폭력 전문 상담원 교육의 역할이다.

"피해자는 보통 자신이 처한 현실에 대해 본인을 탓하게 됩니다. 그런데 이 강의를 들으면 그동안 얼마나 많은 피해자들이 용기 내서 이 문제를 얘기했는지, 그로 인해 어떤 법과 제도가 생겨났는지, 그런 체계가 어떻게 피해자들을 돕고 결국 판례도 바꾸게 되었는지 하는 역사를 알 수 있어요. 그러면 가해자가 나를 무엇으로부터 고립시키려

했는지, 왜 그런 폭력이 가능했는지 알게 되면서 그로부터 해방될 힘을 얻게 되는 거죠. 더 나아가서는 '내게 도움받을 권리가 있다는 걸 진작에 알았더라면 다른 피해를 겪지 않았을 것'이라 생각하면서 더 많은 사람들에게 알리겠다는 결심도 하시는 것 같아요. 그게 바로 피해자가 목소리를 낼 수 있게 하는 연대의 힘이라고 생각합니다."

한국성폭력상담소 여성주의상담팀에서 일하고 있는 박아름 활동가를 만나 친밀한 관계 폭력의 특성은 무엇인지, 사람들의 인식을 개선하려면 어떤 교육이 필요한지 물었다.

'내 잘못이 아니었다'고 온전히 느낄 수 있도록

Q. 성폭력 전문 상담원 교육이 2025년이면 33기에 이른다. 이 교육을 받은 후, 직접 피해자를 상담하면서 어떤 점이 도움이 됐나.

이 교육의 가장 큰 장점은 피해자가 자신의 경험에 대해 '내 잘못이 아니다'라는 걸 온전히 느낄 수 있다는 점이다. 친밀한 관계, 교제 관계에선 누구나 한 번

쯤 자신의 상황과 감정을 돌아보게 된다. 나 역시 과거에 교제 관계에서 원치 않는, 동의 없는 성관계를 경험했다. 상대와의 관계를 유지하는 것도, 원하지 않았던 성관계가 자꾸 생각나는 것도 괴로웠다. 그런데 직접적인 폭행이나 협박이 있었던 건 아니고, 또 사이가 좋을 때는 애정 표현도 하는 관계였으니 헷갈렸다. 내가 상대방을 '가해자'로 부를 수 있는지, 그 일을 '폭력'이라고 명명할 수 있는지.

교육을 들으면서 그 혼란이 처음으로 조금 정리됐다. 이런 경험을 나만 하는 게 아니라는 걸 알게 됐고, 내가 이상한 게 아니란 걸 알게 됐기 때문이다. 내가 느낀 불쾌한 감정, 트라우마 같은 증상은 내가 예민해서 나타나는 게 아니었다. 물리적 폭행만 없었을 뿐, 그 자체로 폭력이기 때문이었다. 그걸 스스로 받아들이는 계기가 됐고, 나중에 피해자들과 상담할 때도 이 경험과 학습 과정이 좋은 토대가 됐다.

Q. **교육의 어느 부분이 도움이 됐나.**

성폭력이 개인의 문제가 아니라 젠더 위계에 따른 사회구조적 문제라는 걸 일깨워준 게 주효했다. 나의 경우 과거에 동의 없는 성관계를 경험하고도 상대방과 쉽게 헤어질 수가 없었다. 뭔가 잘못됐다는 건 알았지만 헤어지지 못하는 나 자신이 굉장히 이상하게 느껴졌고, 정신적으로 문제가 있는 게 아닌가 생각할 정도였다.

그런데 알고 보니 많은 피해자들이 그랬다. 교육에서 말하기를, '네가 이상한 게 아니라 사회구조적으로 남성과 여성에 대한 이중잣대가 있기 때문'이라고 했다. 예컨대 남성의 성관계 경험은 많을수록 자랑거리지만, 여성의 성관계 경험은 여전히 '숨겨야 하는 것' 또는 '순결을 잃은 것'으로 여겨진다. 세상이 많이 바뀌었다고는 하지만, 아직도 그런 인식에 사로잡혀서 본인을 자책하는 피해자들이 많다는 걸 알게 됐다.

이런 인식 아래에선 같은 성 경험에 대해서도 여성이 더 많은 의미 부여를 하거나 자신을 탓하게 된다. 그렇기 때문에 관계를 조절하기가 어렵게 되고, 자신에게 좋지 않다는 걸 알면서도 상대방에게 끌려가는 관계가 되기도 한다.

이전에는 막연하게 '뭔가 부조리하다', '이게 뭐지?'라고만 생각했던 일에 대해 명확히 설명할 수 있는 개념과 말을 찾게 된 것은 그 교육 덕분이다.

특히 박 활동가는 우리 사회에서 친밀한 관계, 그중에

서도 남녀 간의 연애에 뿌리 깊게 자리 잡고 있는 '가부장적 연애 각본'이 문제라고 지적했다.

Q.   '연애 각본'이 무엇인가.

일반적으로 사람들이 로맨틱하다고 생각하는 연애에 일정하게 짜인 각본이 있다는 것이다. 남성이 리드하고 여성은 따르는 것, 상대방이 다른 이성과 친해 보일 때 질투하는 것, 상대방의 팔목이나 몸을 '박력 있게' 잡아끄는 것, 처음 성관계를 한 사람과 결혼까지 가는 것, 오랜 첫사랑…… 이런 것들이 성공적이고 좋은 연애인 것처럼 받아들여진다.

그런데 교제폭력의 많은 부분이 여기에 맞춰 통제된 결과다. 교제폭력 가해자들이 많이 하는 변명 중 하나가 '사랑해서 그랬어'다. 하루종일 어디서 누구와 뭐 하는지 보고하게 하고, 옷차림을 통제하고, 간섭할 수 있게 하는 문화가 이런 연애 각본에서 비롯된다. 심지어 누가 괴롭혔다고 어린이가 말해도 '너를 좋아해서 그러는 거야'라는 반응을 보이지 않나.

내가 과거에 겪은 일 역시 이 각본에 따르면 '자연스러운 일'일 수 있다. 하지만 그 각본 자체가 잘못됐다는 걸 교육을 통해 알게 됐다. 막연히 부조리하다고 느꼈던 일에 대해 성폭력이라고 이름을 붙이고, 그게 잘못이라고 설명할 수 있게 된 것이다.

피해자를 위해 할 수 있는 일

Q. 직접 피해자들을 상담해보면 친밀한 관계의 폭력에 공통적 특성이 있나.

인터넷에 보면 '최악의 연애 상담 유형' 같은 게 있다. 거기서 손꼽히는 게 '힘들다고 해서 한참 얘기 들어줬는데, 결국 안 헤어지고 다시 만나는 친구'다. 웃자고 만든 거겠지만, 실제 폭력 피해자 중엔 그런 사람들이 굉장히 많다.

교제폭력은 어떤 사실만 뚝 떼어놓고 보면 피해자인데도 오히려 가해자보다 이상하게 느껴진다. 이를테면 상대에게 맞고도 바로 신고하지 않고, 거절 의사를 제대로 표시하지 않고, 자신에게 해악적인 관계를 이어가는 것 등이다.

당연히 제삼자는 답답하게 느낄 수 있다. 하지만 그럴 때 단순히 관계를 끝내라고 하거나 '너 왜 그랬어'라고 추궁하는 건 큰 도움이 되지 않는다. 친밀한 관계에서 발생하는 피해를 제대로 보려면 개인의 생애사적 맥락을 함께 살펴야 한다.

피해자와 긴 시간 상담하면서 신뢰가 쌓이면 피해자의 평소 성향이나 대화 패턴부터 가정환경, 유년 시절, 욕구나 결핍 등을 알게 된다. 예를 들어 이러저러한 가정환경에서 큰 피해자가 어떤 과정을 통해 어떠한 유형의 데이트 상대를 만나게 됐는지, 그 상대가 피해자의 결핍들 중 무엇을 채워줬는지 하는 것들이다. 이를 알게 되면 교제폭력 피해자가 가해자와 즉각 헤어지지 못하는 이유를 이해할 수 있게 된다. 그가 채워줬던 결핍을 다시 겪을까 봐 두렵기 때문이다. 재판부에 의견서를 낼 때도 이런 점을 강조한다. '이 사람은 평소에 거절을 잘 못 한다. 이 정도의 표현이 이 사람이 할 수 있는 최대치의 거절이다'라는 식으로 설명한다. 개인사적 맥락을 함께 살펴야 친밀한 관계 폭력의 맥락을, 그 피해자를 온전히 이해할 수 있다.

Q. 누군가 피해를 고백했을 때 주위 사람들은 어떤 입장을 보여야 하고 어떻게 도움을 줘야 하나.

일단 중요한 건 피해자가 원하는 것이 무엇인지 생각할 시간을 충분히 주고 기다리는 것이다. 사람마다 바라는 대응도, 대응에 필요한 시간도 다르다.

예를 들어 나는 상대방과 관계를 포기하고 단절하기까지 굉장히 오랜 시간이 걸렸다. 사건 이후에도 상대와 몇 년간 연락을 지속하며 싸우기도 했다. 누가 알면 '왜 그런 사람과 아직도 연락하냐'고 할 것 같아서, 부끄러운 마음에 다른 사람들에겐 말을 못 했다.

그런데 나에겐 그 과정이 중요했다. 마지막에 결국 상대방에게 사과를 받았고, 그제야 비로소 정리됐다는 느낌이었다. 그 관계에 대해 말할 수 있게 된 것도 사과를 받은 뒤다.

직접 상담을 하면서 보니 더더욱 그런 게 느껴졌다. 스스로 경험한 일이 많다 보니 상담할 때도 조금 더 공감할 수 있는 힘이 있는 것 같다. 누군가는 법적 조치를 취하는 것에 만족하고, 또 누군가는 상대가 깨끗이 잘못을 인정하고 사과하는 것에 만족한다. 마음의 준비가 되지 않았는데 옆에서 질책만 하면, 피해자는 오히려 그 왜곡된 상황과 관계에 갇힐 수 있다.

Q.   성폭력상담소에서 활동하면서 만난 사람들 중 기억에 남는 사람이 있나.

사실 콕 집어 한 명만 말하긴 어렵다. 늘 많다.

그중에서도 성폭력상담소에서 2007년부터 운영하고 있는 '작은 말하기'라는 모임에서 만난 분이 떠오른다. 작은 말하기는 피해자들의 일상 회복과 치유를 위한 자조 모임으로 매월 마지막 주 수요일에 연다. 자유롭게 신청해서 참여하는 방식이다.

처음 모임에 왔을 때는 고개도 못 들고 다른 참여자들과 눈도 못 마주치는 분이 있었다. 자기 경험을 얘기하면 혹시라도 누가 비난할까 봐, 다른 피해자들조차 공감해주지 않을까 봐 두려워하면서 눈물만 흘리던 분이었다. 그런데 그분이 모임에 꾸준히 나오면서 어느 순간 표정이 굉장히 밝아졌다. "나만의 경험이 아니란 걸 알게 됐다. 이걸 사회적으로 좀 더 알리고 싶고, 다른 피해자들에게도 도움이 되는 방법을 찾아가고 싶다"고 하시더라. 그러면서 새로 온 참여자들에게도 용기를 북돋아주는 모습을 보고 놀랐다. 이분에 대해선 상담소에서 법적 대응을 같이한다거나 하지 않았는데도 그런 변화가 생겨났다. 그러니까 내 일에 공감해주고, 같이 내 일을 염두에 두는 사람들이 있다는 것만으로도 그렇게 큰 변화가 생겨난 것이다. 공감과 지지의 힘, 연대의 힘이라는 게 정말 어마어마한 치유와 회복의 계기가 된다는 걸 다시 느꼈다.

작은 말하기 참여자들이 가장 많이 하는 말이 "여기에선 무슨 말을 해도 안전하다는 확신이 있다"는 것이다. 자신의 경험을 고백하는 것도 쉽지 않은데 주변인들이 손가락질하거나 비난하면 피해자들은 피해 이후에 더 오래 괴로워한다.

이분들이 작은 말하기 모임이 아니라 우리 사회 어느 곳에서든 안전하고 편안하게 지지받았다면, 그렇게 오랜 시간 외롭게 투쟁하지 않아도 됐을 것이다. 피해자들에 대한 편견이 없어져야 한다. 실질적인 도움은 안 되더라도 믿어주고 존중해주는 사람이 있다는 걸 알려주는 게 중요하다. 그런 경험이 쌓일수록 피해자는 스스로를 믿을 수 있고, 자신에 대한 비난을 용서할 수 있게 된다. 그게 치유로 나아가는 첫걸음이다.

Q. 사회의 인식이 변하는 것이 중요해 보인다. 어떻게 시작할 수 있을까.

사람들은 일반적으로 교제폭력, 성폭력 등이 자신의 일이 아니라고 생각한다. 그래서 상담원 교육이나 성인지 감수성 교육도 관련 단체 직원이나 상담가가 들어야 하는 것이라고 여긴다.

하지만 피해자, 생존자는 어디에나 있다. 수사기관이

나 사법기관에서만 만날 수 있는 사람들이 아니다. 우리는 살아가면서 직간접적으로 이들을 만나게 된다. 따라서 교제폭력, 성폭력 등은 가해자와 생존자 둘만의 문제가 아니다.

잘못된 관계를 끊어내지 못하는 일은 나에게도, 내 친구에게도 언제든 일어날 수 있다. 그때 '왜 그러느냐'거나 '그러는 건 잘못이다'라고 말하는 사람과, '그래, 그럴 수도 있지'라고 말해주는 사람의 차이는 크다. 우선은 상대의 말과 입장에 공감해주는 게 필요하다. 당사자는 그런 말 하나에 안정감을 느끼게 되고, 스스로의 경험을 조금 더 차분하게 소화해낼 수 있게 된다.

다만 공감하고 지지하는 것과 맹목적으로 상대에게 끌려가는 건 다르다. 한 피해자분이 이런 얘기를 한 적이 있다. "누군가 내가 폭력 피해 생존자라는 걸 알게 됐을 때, 어떤 특별 취급을 하거나 시한폭탄처럼 여기지 않았으면 좋겠다. 그 사실을 알기 전과 후에 똑같이 대해주는 사람이 편안하고 좋다."

물론 피해자는 필요한 법적·의료적 지원을 받아야 하지만, 그렇다고 그를 갑자기 아무것도 못하는 사람이나 특수한 사람 취급하는 건 좋지 않다. 나를 포함한 성폭력 상담소 사람들은 우리가 모든 걸 다 해주거나 해결해주는 사람이라고 생각하지 않는다. 피해자와 같이 문제 해결의 지도를 만들어가는, 나침반이 되어주는 사람이라고 생각한다.

그리고 우리 사회엔 이렇게 응원하고 공감하고 지지해주는 사람들이 더 많이 필요하다. 언론인부터 정신과·산부인과 의사, 기업 인사 담당자, 하다못해 타로·사주 가게나 점집 종사자들도 피해자 중심의 상담 강의를 듣고 조금이라도 인식이 바뀌면 좋겠다. 사회 전반에 피해자들을 위한 '지지 자원'이 많이 늘어나야 한다. 성폭력 상담원 교육은 그 시작이 될 수 있다.

한발 나아간 법제를
구축한 해외 사례들

 젠더 기반 폭력이 무엇인지 아직 이해하지 못하는 한국 사회와 달리 호주와 스웨덴 사회는 젠더폭력에 대한 법률을 만들어 피해자를 보호하고 가해자를 처벌하고 있다. 법이 생기면 작은 행위도 폭력이라고 인식하는 사람들이 늘어난다. 따라서 젠더 기반 폭력 관련 법이 생기면 사회 전체가 젠더폭력에 민감해진다.

 호주는 신체적 폭력을 넘어 심리적·경제적·사회적 측면에서 피해자를 억압하고 지배하는 행위인 '강압적 통제'를 범죄화하여, 젠더폭력이 공적 개입이 필요한 사회문제임을 확실히 했다. 스웨덴은 친밀한 관계 내 여성폭력을 처벌할 수 있는 '중대한 여성의 존엄성 침해에 관한 법'을 마련했다. 남성이 친밀한 관계의 여성에게 반복적으로 가한 폭행, 불법 협박, 강간 등의 범죄를 처벌하도록 하는 법이다.

젠더 관련 법률이 만들어지고 시행되면 구체적으로 어떤 변화가 있는지 알아보면서 호주와 스웨덴에 있는 두 전문가들의 의견을 들었다. 조혜인 호주 모내시대학 한국학과 조교수이자 '젠더와 가정폭력 예방센터' 책임연구원, 그리고 스웨덴 웁살라대학 '남성의 여성폭력에 대한 국가 지식 센터' 소속 젠더 기반 폭력 법률 전문가 한나 팔함 사보Hanna Palhamn Szabó다.

호주의 사례:
강압적 통제 범죄화, 젠더폭력 유급휴가 제도

호주 퀸즐랜드주 브리즈번에 살던 해나 클라크Hannah Clarke는 오랫동안 남편의 폭력에 시달렸다. 남편은 해나가 가족들과 시간을 보내지 못하게 했고, 화가 나면 아이들을 처벌하는 방식으로 그를 조종했다. 해나가 집을 떠난 후에도 따라다니며 감시했다. 이혼 후 해나는 자유를 얻는 듯했지만, 법원은 자녀들에게 접근할 수 있게 해달라는 전남편의 요청을 받아들였다. 전남편에게서 벗어나지 못한 해나는 2020년 2월 아이들과 함께 브리즈번의 한 거리에서 사망한다. 전남편 로언 백스터Rowan Baxter가 해나의 차량에 불을 지른 것이다.

이 사건은 친밀한 관계의 폭력이 단순한 신체적 폭력을 넘어 정서적·경제적 통제를 포함한다는 인식을 확산시켰다. 사건 이후 강압적 통제 행위를 처벌해야 한다는 목소리가 커졌고, 퀸즐랜드주에서 강압적 통제를 범죄화하는 내용을 담은 가정폭력 처벌 법안이 통과됐다. 강압적 통제에는 신체적 폭력뿐 아니라 심리적·경제적·사회적 측면에서 피해자를 억압하고 지배하는 행위가 포함된다. 2025년 5월부터 퀸즐랜드주에서 강압적 통제 행위를 하는 경우 최대 14년의 징역형을 선고받을 수 있다.

강압적 통제를 범죄화한 것은 퀸즐랜드주가 처음이 아니다. 호주 뉴사우스웨일스주에서는 2024년 7월부터 강압적 통제로 유죄판결을 받은 가해자에게 최대 7년의 징역형을 선고할 수 있도록 했다. 법안을 시행하기 위해 주정부가 50억 원의 예산을 편성한 것도 의미가 크다. 이 예산은 경찰 대상 훈련 프로그램 개발, 강압적 통제에 대한 인식 교육 프로그램 운영, 교육 자료 개발 등에 사용될 예정이다. 단순한 가해자 처벌을 넘어 젠더폭력 예방 차원에서 젠더 불평등 및 가부장적 관습에 대한 사회 전

반의 인식 개선에 기여하기 위해서다.

물론 호주에서도 신체적 폭력과 달리 강압적 통제는 쉽게 드러나지 않는 경우가 많아 입증이 쉽지 않다. 그로 인해 피해 여성들은 피해 입증 자체에 어려움을 겪거나, 입증 과정에서 2차 피해나 트라우마를 겪는 경우가 여전히 많다. 2004년 호주 최초로 강압적 통제를 범죄로 규정한 태즈메이니아주의 경우, 그 후 20년간 처벌 판결을 받은 경우가 10건이 되지 않는다. 즉 해당 법안의 실효성이 여전히 부족하다는 평가를 받고 있다.

그럼에도 불구하고 호주의 다른 주들도 점차 강압적 통제를 범죄화하고 있는 흐름의 의미는 무엇일까. 조혜인 교수는 "호주도 비신체적 폭력을 중요하게 생각한 지 오래되지 않아 아직 데이터가 부족하다"면서도, "젠더폭력의 형태가 다양하다는 것을 인정한다는 면에서 중요하고, 젠더폭력에 대한 법적 정의를 확장하는 의미가 크다"고 설명한다. 법적 정의가 확장되면 법적·사회적 지원 시스템이 개선되어 피해자와 그 가족이 더 나은 지원을 받을 수 있게 된다. 특히 신체적 폭력의 증거가 없어도 정서적 학대나 경제적 착취의 입증이 가능하면 가해자를 처벌할 수 있기에 피해자가 도움을 요청할 수 있는 범위가 넓어진다.

또 젠더폭력이 단순히 사적인 문제가 아니라 공적 개입이 필요한 사회적 문제임을 사회가 받아들였다는 점에서 중요하다. 조혜인 교수는 "젠더폭력이 사회문제라는 점을 강조한다는 점에서 중요한 행보"라고 했다.

호주 정부는 오랫동안 여성에 대한 폭력을 '국가적 위기'로 명명해왔지만, 일각에서는 여전히 정부의 지원과 대응이 충분하지 않다는 비판을 제기한다. 조혜인 교수는 "특히 최근 호주 전역에서 여성폭력 관련 살인 사건이 지속적으로 발생했고, 4일에 한 명꼴로 여성이 희생되고 있다는 통계가 발표되자 정부를 향한 거센 비판이 쏟아지고 있다"고 말했다. 앤서니 앨버니지 호주 총리가 "젠더폭력 문제는 사회적 차원의 문제"라고 발언한 것도 논란이 됐다. 정부 차원의 노력보다는 사회 전체가 함께 해결해야 할 문제라는, 방어적 발언으로 해석될 여지가 있었기 때문이다.

그럼에도 호주는 매년 여성폭력을 포괄적으로 다루는 국가인권위원회의 직장 내 성적 괴롭힘 보고서를 발표하고, 젠더폭력 피해자에게 유급휴가를 주며, 고용주를 위한 안내서를 정리하는 등 젠더폭력 대응 방안을 발전시키고 있다.

2024년 호주 연방정부는 '여성폭력 예방과 해결'을 정부의 최우선 국정 과제 중 하나로 발표하기도 했다. 연방 정부는 젠더폭력 해결을 위해 2조 65억 원을 투입하겠다고 밝혔다. 주요 예산 항목에는 '5년간 젠더폭력 관련 프로그램 지원'(925억 원), '국립 여성 안전 연구 기구의 증거 기반 연구'(38억 원), '여성부 내 여성 안전 자원 확보 및 활동 지원'(350억 원), '가정·아동·성폭력 피해자를 위한 심리 치유 현장 지원 활동 사업비 및 긴급 숙소 지원'(53억 원) 등이 포함됐다.

호주에는 '10일 유급 가족 및 가정폭력 휴가 제도Family and Domestic Violence Leave'도 있다. 2022년 앨버니지 정부가 젠더폭력 피해를 입은 직원들에게 최소 10일의 유급휴가를 제공하는 정책을 내놨고, 이후 2023년 2월 모든 노동자에게 연간 10일의 유급 가족 및 가정폭력 휴가 제공을 의무화한 것이다. 젠더폭력 피해에는 강요하거나 통제하려는 행위, 피해나 공포를 야기하는 행위도 포함됐다. 가해자 범위에는 전/현 배우자·파트너, 부모·조부모·손주, 형제·자매, 전/현 배우자·파트너의 가족 등이 포함됐다. 이 휴가는 연차, 가족 돌봄 휴가, 병가 등과는 별도로 사용할 수 있고 주거지 이전 등 안전을 위한 조치, 법원 출석, 경찰 면담 등에 사용할 수 있다. 또 고용주는 노동자에게 증빙을 요청할 수 있고, 노동자가 제공하는 모든 정보를 보호할 의무를 가진다. 노동자의 안전 보장을 위해 급여 명세서에 해당 휴가 사용 내역이 포함되지 않도록 해야 한다는 규정도 있다.

이렇듯 호주는 친밀한 관계에서 벌어지는 폭력을 사적인 일이 아니라 사회적 문제로 받아들여, 노동 현장에서도 여성을 보호하는 방안을 고민하고 있다. 이렇게 된 배경에는 성차별 개선을 위해 오랫동안 노력해온 호주의 역사가 있다. 1984년 호주 정부는 '성차별법 1984'를 도입해 직장 내 성희롱을 명확히 금지했다. 2022년 12월에는 '적극적 의무'가 도입됐다. 조직과 기업에 '직장 내 불법 행위 예방을 위한 적극적 조치'라는 법적 의무를 부여한 것이다. 이에 따르면 조직과 기업은 직장 내 성희롱, 성차별 등을 적극 예방하는 데 초점을 맞춰야 한다. 또 규모와 상관없이 호주의 모든 조직과 기업은 이 적극적 의무를 준수해야 한다.

호주는 상대적으로 젠더 평등 및 일·생활 균형을 중시하는 사회적·정책적 전통을 가지고 있고 노동자 보호 정책도 강하다. 그럼에도 여전히 여성의 돌봄·가사 노동 부담은 남성에 비해 높은 편이다. 조혜인 교수는 "10일 유급 가족 및 가정폭력 휴가 제도가 도입된 것은 젠더폭력 문제가 단순히 사적 문제를 넘어 직장과 사회 전반에 영향을 미치는 중요한 문제라는 인식 변화가 있었기 때문"이라고 했다. 또한 노동조합과 여성단체가 젠더폭력이 단순히 사적인 문제를 넘어 직장에도 영향을 미친다는 점을 꾸준히 강조하며 피해자 지원을 위한 직장의 책임과 개입을 요구해온 노력이 법제화의 밑거름이 됐다고 평가했다.

호주에는 이 10일의 유급휴가 이전에 이미 5일의 무급휴가가 있었다. 피해자가 젠더폭력에서 벗어나거나 관련 법적 절차를 준비할 때 직장의 지원이 중요한 역할을 할 수 있다는 인식이 일찍이 조성되어 있었던 것이다.

그럼에도 10일 유급휴가의 지난 1년간 사용률은 0.4%밖에 되지 않는다. 50개 기업 중 휴가 사용 수칙을 공개한 곳도 13개에 불과하다. 사용률이 이렇게 낮은 이유는 무엇일까. 조 교수는 "호주 내 모든 기업은 규모에 상관없이 이 유급휴가를 제공해야 할 법적 의무가 있지만, 직원들의 유급휴가 사용률에 대한 데이터를 공개해야 할 법적 의무는 없다"고 했다. 이런 의무가 없다 보니 기업을 유인할 힘이 적다는 뜻이다.

그는 "여성 4명 중 1명이 평생에 걸쳐 젠더폭력을 경험한다는 통계와 비교했을 때, 유급휴가 사용률이 0.4%에 불과하다는 점은 심각한 문제"라면서, "유급휴가가 있다는 사실, 이용할 수 있다는 사실에 대한 인식이 부족하거나 홍보가 부족했을 수 있다"고 했다. 플린더스대학 연구팀에 따르면, 실제로 피해자의 39%, 고용주의 58%만이 해당 휴가 제도를 알고 있었다. 비정규직 노동자들 사이에서는 이 제도에 대한 인식이 더욱 낮은 것으로 나타났다. 조 교수는 다음과 같이 강조했다.

> "기업은 육아휴직처럼 젠더폭력 피해자를 위한 유급휴가 정책을 적극 홍보할 필요가 있습니다. 고위 관리직이 이를 적극 홍보하고 수용하는 태도를 보여줘야 합니다."

호주에는 젠더폭력에 대한 인식 제고를 위한 교육·훈련 프로그램도 있다. 호주의 일부 커뮤니티에서 젠더폭력을 목격해도 그것이 젠더폭력인지 인지하지 못하는 경우가 있었고, 빅토리아주에서 이 문제의 해결을 위해 '주변인 개입 훈련'을 시행하기 시작한 것이다. 젠더폭력 인지 방법 및 폭력 상황에서의 적절한 개입 기술을 익히는 과정으로 구성되어 있다.

최근에는 호주에서도 디지털 성범죄가 큰 문제 중 하나다. 조 교수는 "이에 대응하기 위해 빅토리아주성평등기구Gender Equity Victoria와 같은 기관들에서 소셜미디어 도구 모음과 비디오를 개발하고 있다"고 했다. 소셜미디어 플랫폼에서 발생하는 혐오 표현·성적 모욕·스토킹 등 다양한 유형의 폭력을 식별하도록 교육하고, 위험 상황에서 신고하거나 가해자를 격리하는 등 안전하게 개입하는 방법을 알려준다. 특히 이 기관들은 소셜미디어 이용자를 침묵하는 다수인 '수동적 주변인passive bystander'에서, 시민 주도의 예방적 문화를 만드는 '적극적 주변인active bystander'으로 변화시키는 데 초점을 맞추고 있다. 전 세계에서 최초로 시행되는 프로젝트다.

젠더폭력이 사회적 문제라는 인식을 제고하기 위해 한국 정부와 시민사회는 어떤 노력을 해야 할까. 조 교수는 '정부나 기업 리더십의 강력한 의지'가 중요하다고 말한다.

> "가부장제는 어느 사회에나 존재합니다. 젠더폭력이 우리 모두의 문제라는 책임 의식을 사회 전반에 확산시키는 것이 중요합니다. 세계인권선언에도 명시되어 있듯이, 우리 모두는 인간으로서 어떤 종류의 두려움으로부터든 자유로울 권리를 가지기 때문입니다. 정부나 기업의 리더십이 강력한 의지를 가지고 법안을 시행하거나 적극적인 캠페인을 추진하는 것이 중요하다는 이야기를 한국에 전하고 싶습니다."

스웨덴의 사례:
친밀한 관계 내 여성폭력을 포괄하는
'중대한 여성의 존엄성 침해에 관한 법'

교제폭력이나 교제살인은 한국에서만 벌어지는 일이 아닙니다. 젠더 위계에 따른 여성폭력, 특히 가까운 관계에서 발생하는 폭력은 전 세계적으로 광범위하고 심각한 문제다. 세계보건기구(WHO)는 2000년부터 2018년까지 161개국 유병률 데이터를 분석한 결과, 전 세계 여성 3명 중 1명이 평생에 걸쳐 친밀한 관계에 의해 물리적·성적 폭력을 당했다고 밝혔다. 북유럽의 선진국인 스웨덴의 통계도 비슷하다. 유럽연합(EU)의 젠더 기반 폭력 조사에 따르면, 스웨덴의 18~74세 여성 31%가 평생 한 번 이상 친밀한 파트너로부터 신체적 폭력이나 위협, 성적 폭력을 경험했다. 폭행, 협박, 강간 등이 여기에 포함된다.

스웨덴의 여성폭력 관련 통계에서 눈에 띄는 것은 살인 피해율이 낮다는 점이다. 스웨덴 범죄예방위원회의 데이터에 따르면, 2023년 한 해 동안 10명의 여성이 전/현 파트너에 의해 살해됐다. 2018~2021년 평균을 보면 매년 약 15명의 여성이 목숨을 잃었다. 반면 한국은 2023년 언론에 보도된 친밀한 관계의 여성살해 피해자만 최소 138명이다. 5배 정도 차이 나는 양국의 총 인구(2025년 기준 스웨덴 1063만 5489명, 한국 5168만 4564명) 대비로 살펴봐도 많은 수치다. 이는 양국의 여성폭력에 대한 인식과 법 체계의 차이 때문이다. 비슷한 사건이어도 민감하게 피해로 인지하는 비율 자체가 스웨덴이 더 높은 것이다.

스웨덴 웁살라대학의 '남성의 여성폭력에 대한 국가 지식 센터National Centre for Knowledge on Men's Violence Against Women(NCK)'는 여성폭력 문제를 해결하고 국민적 의식을 개선하기 위해 세워진 기관이다. 이 기관에서 일하고 있는 한나 팔함 사보는 스웨덴 스톡홀름대학과 영국 에식스대학에서 법학 석사 학위를 받은 젠더 기반 폭력 분야 법률 전문가다. 한나는 "스웨덴에서도 젠더 위계에 따라 벌어지는 친밀한 관계의 폭력은 심각한 문제"라며 "NCK는 사회 전반에 대한 교육부터 외래 진료까지 다양한 분야에서 피해자와 관계자를 지원하면서 제도 변화를 이끌어내고 있다"고 설명했다.

스웨덴은 친밀한 관계 내 여성폭력을 처벌할 수 있도록, 일찍이 1998년에 '중대한 여성의 존엄성 침해에 관한 법'을 마련했다. 남성이 친밀한 관계의 여성에게 반복적으로 가한 폭행, 불법 협박, 강간 등의 범죄를 처벌하도록 한 것이다. 이 관계에는 현재 혼인 상태이거나, 과거 결혼한 적이 있거나, 결혼과 유사한 관계에서 동거 중이거나, 동거한 적이 있는 관계 등이 모두 포함된다. 한나는 "이 조항의 목적은 여성의 존엄성을 반복적으로 훼손한 범죄들을 하나의 범죄로 묶어 형벌의 가치를 높이는 데 있다"며 "이런 범죄는 짧거나 긴 기간 동안 반복적으로 발생해 여성의 자존감과 존엄성을 심각하게 침해한 행위를 가리킨다"고 말했다.

이 법이 생긴 지 거의 30년이 되었음에도 불구하고 통계를 보면 여전히 한계가 있다. 도입된 후 처음 몇 년 동안에는 범죄 신고 및 유죄 판결 건수가 증가했다. 실제 처벌이 많이 이루어졌다는 뜻이다. 2009년 이후 두 수치는 모두 감소했다. 한나는 "검사가 '여성폭력'이 아니라 폭행, 강간 등의 개별 범죄에 집중했을 가능성이 있다"며 "'존엄성 침해'라는 내용으로 수사하는 것보다, 각각의 범죄로 수사하고 처벌하는 게 일견 쉬워 보이기 때문"이라고 말했다.

스웨덴은 정부 공식 통계의 중요성을 알고 있다. 2014년 NCK는 국가 연구 사업의 일환으로 전국 성인(18~74세) 남녀 각 1만 명에게 평생 성적·신체적·심리적 폭력에 노출된 경험을 조사했다. 그 결과 여성 응답자의

14%가 성인이 된 이후 전/현 파트너로부터 폭력이나 위협을 당한 적이 있다고 밝혔다. 남성 응답자의 경우 이 비율은 5%에 그쳤다. 특히 남성은 낯선 사람에게 폭력을 당하는 경우가 많은 반면, 여성은 친밀한 관계의 파트너에게 폭력을 당하는 경우가 훨씬 높은 것으로 나타났다. 여성 10명 중 1명은 18세 이후 심각한 성폭력을 경험한 적이 있다고 응답했다.

"공식 통계는 한 국가의 제도적·정책적 변화를 이끄는 매우 중요한 요소"라고 한나는 강조했다. 친밀한 파트너에 의한 폭력은 지금도 일어나고 있는 시급하고 중요한 문제임에도 불구하고, 공식 통계가 없으면 문제가 아닌 것처럼 보일 가능성이 크기 때문이다. 그는 이런 의미에서 한국에 공식적인 여성살해 통계가 없는 것은 큰 걸림돌이라며 "국가 차원에서 나서서 피해가 얼마나 벌어지고 있는지부터 파악해야 한다"고 말했다. 스웨덴에서도 2014년 연구 이후에는 새로운 전국 조사를 한 적이 없다. 그는 "NCK가 정부에 계속 추가 연구의 필요성을 주장하고 있고, 이를 위한 예산 할당의 필요성도 제기했다"고 말했다.

또한 한나는 사법 체계의 인식 변화가 중요하다며, 마지막으로 다음과 같이 덧붙였다.

"경찰, 검찰, 법원, 교정 시설 등 사법 체계에서 남성의 여성에 대한 폭력, 그리고 친밀한 관계에 대한 지식이 부족한 게 현실입니다. 스웨덴에서도 사법기관 종사자들이 여전히 피해자에게 수치심과 죄책감을 주는 경우가 많습니다. 이는 피해자가 경찰에 신고하거나, 형사 절차를 계속 밟는 과정을 포기하게 만듭니다. 친밀한 사이에서 피해자는 폭력적인 파트너와의 관계를 쉽게 끊지 못합니다. 기관 관계자들은 이런 폭력의 특성을 제대로 이해해야 합니다. 더 나아가 남성의 여성에 대한 폭력은 국가적 차원에서 중요한 문제라는 메시지를 정부가 분명하게 내보내야 합니다. 이런 메시지가 결국 사법 체계 전반에 영향을 미칠 것입니다."

한나의 주장대로, 한국 사회에도 정부의 메시지가 필요하다. 남성의 여성에 대한 폭력이 국가적 차원의 중대사임을 한국 정부가 사회 전체에 환기시키는 시점부터 변화가 시작될 것이다.

나오는 글

아홉 살 때 이웃집 아저씨에게 강간당한 아이는, 그로부터 21년이 흘러 서른이 된 1991년에 가해자를 살해했다. 결혼했지만 정상적인 부부 관계를 맺을 수 없었던 그는 가해자를 고소하려 했지만, 사건 발생 후 6개월 이내에 고소해야 한다는 당시 규정에 좌절하여 일을 벌인 것이었다. 이후 그는 "나는 사람을 죽인 것이 아니라 짐승을 죽였다"라는 절규를 남겼다. 이 사건 이후 1993년에 성폭력특별법이 제정되었다.

1996년에는 72세 할머니가 남편의 폭력을 견디다 못해 친정으로 도피한 딸을 보호하려다가 사위를 살해했다. 이후에 딸이 여러 번 신고했는데도 경찰이 조치를 취하지 않았음이 드러났다. 이듬해인 1997년, 가정폭력방지법이 제정되었다.

여성들의 피해를 공적으로 인정받기 위해서는 이렇듯 '사건들'을 거쳐야 했다. 1991년, 1996년 사건 이전 피해 여성들에게 쏟아진 말은 "행실이 바르지 않은 여성들이 성폭력을 당한다", "가정 내 문제이기 때문에 공권력이 개입할 수 없다"였다. 사적인 문제로 치부됐던 일들이 공적 문제로 발화되기까지 얼마나 많은 피해들이 쌓였을까. 기록되지 못한 울분들을 생각하면 아득하다.

그로부터 30년이 지난 지금, 여성들은 더 안전해졌을까. 폭력은 다양한 얼굴을 하고 더 교묘해졌다. 스토킹처벌법도 앞의 법들처럼 어렵게 제정됐다. 1990년대 후반부터 스토킹이 심각한 사회문제로 대두됐지만 20여 년간 법 제정은 번번이 무산됐다. 2021년 '노원 세 모녀 살해 사건'이 벌어지고서야 법 제정 논의가 급물살을 탔다. 이 사건은 그해 3월, 가해자 김태현이 온라인 게임을 통해 알게 된 피해자를 스토킹하다 피해자와 그의 어머니, 여동생까지 모두 살해한 참극이었다. 피해자는 생전 주변에 스토킹 피해를 호소했지만 결국 죽음을 맞았다. 이 사건이 일어난 뒤에야 스토킹이 강력범죄로 이어질 수 있다는 사실이 겨우 받아들여져 사회적 합의로 법이 제정됐다.

그러나 불충분했다. 스토킹처벌법을 어렵게 제정했지만 반의사불벌죄 조항을 두면서 또다시 사람이 죽는다. 2023년 서울 신당역에서 순찰을 돌던 여성 역무원이 살해된 것이다. 가해자 전주환은 피해자가 스토킹으로 신고하자 합의를 요청하기 위해 주거지를 찾아갔고, 뜻대로 되지 않자 결국 피해자를 살해했다. 반의사불벌죄는 피해자가 가해자의 처벌을 원하지 않으면 형사처벌할 수 없는 범죄다. 여성에 대한 폭력 범죄에는 유난히 반의사불벌죄 조항이 끼어 있다. 가정폭력도 반의사불벌죄다. 강간죄와 강제추행죄도 반의사불벌죄였지만 가해자가 합의해달라고 피해자를 압박하는 문제가 반복되자 2013년에야 폐지됐다.

신당역 사건이 벌어지자 당시 한동훈 법무부 장관은 브리핑을 열어 스토킹 범죄에 적용되던 반의사불벌죄 조항을 폐지하고, 온라인상 스토킹 범죄도 처벌하는 등의 내용을 담은 스토킹처벌법 개정안을 발표했다. 장관이 직접 브리핑을 열 만큼 사안을 챙기고 있다는 인상을 주기를 바랐겠지만, 그 이전에 법무부가 반의사불벌죄 조항을 어떻게 대했는지 살펴봐야 한다. 신당역 사건이 발생하기 1년 전 스토킹처벌법 제정에 대해 논의할 때만 해도 법무부는 반의사불벌죄를 고집했다. 그 조항 때문에 가해자가 피해자를 압박해 처벌의 수위를 낮추려 하는 일이 반복된다는 비판이 나왔지만, 법무부는 되레 피해자의 '선택권'을 높일 수 있다고 주장했다. 신당역에서 사람이 죽고 나서야 그 주장을 멈춘 것이다.

폭력을 법적으로 단죄하는 것이 이렇게 어려울 일인가. 모르는 사람 간에 벌어진 폭력, 살인 사건이 더 규율하기 쉬워 보인다면 문제 아닐까. 여전히 교제폭력은 법 테두리 안으로 들어오지 못했다. 취재를 하며 상상할 수 없는 일로 자식을 잃은 분들의 목소리를 들었다. 자식이 죽는다는 것도 끔찍한데 교제하던 사람에게 살해당했다는 끔찍한 사실을 어떻게 받아들일 수 있을까. 그 슬픔을 영원히 이해할 수 없을 것 같아서 기사를 쓰고 책 원고를 다듬으면서도 먹먹했다. 얼마나 많은 죽음이 쌓여야 교제폭력을 법 테두리 안으로 들여올 수 있을까. "교제폭력으로 아무리 많은 사람이 죽어가도 사회는 변하지 않는다. 그게 가장 힘들다"는 피해자 아버지의 목소리에 조금이라도 답을 드려야 하지 않을까.

그저 하루하루 열심히 기록해야겠다고 다짐한다. 많은 죽음 위에서 법이 만들어진다면, 그 시기라도 당길 수 있게 아픈 죽음들과 남은 사람들의 슬픔을 성실하게 기록해야겠다고 말이다. 이 죽음들이 아직 해결되지 않았다고, 그래서 우리가 이 죽음들에 귀 기울여야 한다고, 그래야 다른 죽음들이 줄어들 것이라고 말이다. 슬픈 다짐일지 모르지만, 지지 않겠다는 선언이기도 하다. 여성의 목소리로 여성의 이야기를 계속 기록해나갈 것이다.

독자 북펀드로
《헤어지다 죽은 여자들》과 함께해주신 분들

(가나다순)

- 고마
- 공폐단단(푸른나비)
- 김경아
- 김기연
- 김기훈
- 김다현
- 김보라
- 김서연
- 김서현
- 김영미
- 김영선
- 김우석
- 김윤슬
- 김이삭
- 김정현
- 김정효
- 김주원
- 김주희
- 김지원
- 김지은
- 김지현
- 김현승
- 김효선
- 김희정

- 김희진
- 꼬마범고래
- 꿈의날개
- 누리
- 다다
- 더는여성을잃기싫다
- 도병현
- 도영민
- 드리맘
- 류수민
- 박기림
- 박민경
- 박소해
- 박은희
- 박정오
- 박조건형
- 박주현
- 박하늬
- 박혜진
- 배보람
- 배수지
- 백선영
- 삐용과언니들
- 새미킁

- 서라미
- 서정민
- 세하
- 손은혜
- 신민정
- 신승윤
- 심정현
- 심혜린
- 아린방주
- 안나리
- 안대용
- 안보영
- 안은선
- 안재우
- 앎
- 양복숙
- 양정은
- 엄정연
- 여자가여자를위하여
- 연세마음편한치과
- 우리라고불리고싶은이
- 우진영
- 위라겸
- 유기훈

- 유리
- 유주희
- 윤승휘
- 윤영경
- 윤지현
- 윤채민혜
- 의현
- 이수민
- 이수현
- 이아름
- 이애리
- 이은숙
- 이은주
- 이음
- 이종희
- 이주영
- 이지현
- 이하나
- 이해인
- 이현민
- 이현수
- 이형은
- 이홍
- 임수현
- 임은영
- 임재연
- 작은도서관고래이야기
- 장연우
- 장준성
- 정윤주
- 정재흔
- 정지혜
- 정혜윰
- 정효선
- 정희경
- 조서희
- 조용성
- 지영은
- 차지예
- 천세민
- 청명 고민 야미
- 초록연필 김여진
- 최강굴착기
- 최유미
- 최지영
- 추여름
- 포도알
- 한량
- 한민영
- 한예은
- 한유림
- 한은지
- 함세나
- 해민
- 현
- 현정
- 혜성
- 홍승은
- 홍조
- 황혜수
- Dworkin

그 밖에 이름을 밝히지 않은 38분을 포함해
총 171분께서 참여해주셨습니다.
감사합니다.